Jörgen Schulze-Krüdener

Emotionen und Humor in der Sozialen Arbeit

Ein Studienbuch für die Praxis

1. Auflage 2022

Projektmanagement und Lektorat: Corinna Dreyer, Bremen
Layout und Satz: Ilka Lange, Hückelhoven
Umschlaggestaltung: Elisabeth Drimmel, Bremen; Ilka Lange, Hückelhoven
Coverbild: © melita – stock.adobe.com
Korrektorat: Ruven Karr
Printed in Germany: BoD – Books on Demand GmbH, Norderstedt

Bibliografische Information der Deutschen Nationalbibliothek
Die Deutsche Nationalbibliothek verzeichnet diese Publikation in der Deutschen Nationalbibliografie. Detaillierte bibliografische Daten sind abrufbar unter: http://dnb.d-nb.de

Werden Personenbezeichnungen aus Gründen der besseren Lesbarkeit nur in der männlichen oder weiblichen Form verwendet, so schließt dies das jeweils andere Geschlecht mit ein.

ISBN: 978-3-943001-66-2

http://www.apollon-hochschulverlag.de

Jörgen Schulze-Krüdener

Emotionen und Humor in der Sozialen Arbeit

Ein Studienbuch für die Praxis

STUDIENBUCH

Inhalt

Einleitung

Positive oder negativ konnotierte Emotionen wie Freude, Glück und Wohlbefinden, Liebe und Mitgefühl, Bewunderung und Verehrung, Trauer, Melancholie und Depression, Furcht und Angst, Ekel und Abscheu, Ärger, Wut, Zorn und Empörung, Neid und Eifersucht, Verachtung und Hass, Scham- und Schuldgefühle prägen die Gestaltung von Hilfeprozessen und Interaktionen zwischen den Fachkräften der Sozialen Arbeit und ihren Adressatinnen und Adressaten. Emotionen als eigenständige Verarbeitungsformen der sozialen Wahrnehmung, die in das Spannungsverhältnis von Subjekt und Gesellschaft eingebunden sind und damit zugleich Auskunft über gesellschaftliche, soziale und pädagogische Verhältnisse geben, spielen in der beruflichen Praxis eine wichtige Rolle.

Zur professionellen Handlungskompetenz gehört unverzichtbar die Fähigkeit, die affektiven Handlungselemente und deren Bedeutung bei sich selbst und den Adressatinnen und Adressaten wahrzunehmen, sie zu bearbeiten und zu managen. Der reflektierte Umgang mit Emotionen im Allgemeinen (als körperliche Erregungszustände und Wahrnehmung von Beziehungsqualitäten) und mit moralischen Emotionen im Besonderen (als wertende Stellungnahmen) dient als höchst bedeutsamer Gegenstand des beruflichen Handelns nicht nur (berufs-)biografischer Entwicklungsprozesse und der eigenen emotionalen Handlungsregulation, sondern ist zugleich Erkenntnisinstrument und Reflexionshilfe in der Beziehungspraxis. Dazu gehört auch, über eigene Überforderungen und über oft tabuisierte Emotionen in der professionellen Praxis mit Kolleginnen und Kollegen zu sprechen. Dies tangiert auch explizite wie implizite Professionsregeln, die sich u. a. in technokratischen Schutzvorschriften unter den Paradigmen „richtige Nähe" und „richtige Distanz" verstetigen. Kurzum: Soziale Arbeit ist Emotionsarbeit und Emotionalität stellt keinen Gegensatz zur wissenschaftlichen Rationalität dar. Vielmehr sind Emotionen als konstitutiver Bestandteil sozialpädagogischer und sozialarbeiterischer Professionalität zentraler Aspekt der personalen Dimension des Könnens und die andere Seite von wissenschaftlicher Rationalität.

Exemplarisch am Humor, also der Fähigkeit und Bereitschaft auf, gewisse Dinge heiter und gelassen zu reagieren, wird in diesem Studienbuch der Stellenwert von

Emotionen und der Umgang mit ihnen als wichtiger Aspekt sozialpädagogischen und sozialarbeiterischen Denkens und Handelns prägnant ausgearbeitet.

Humor ist weder als bloße Haltung noch als direkt anwendbare Technik zu verstehen. Die umfangreichen Wirkchancen von Humor lassen sich erschließen, wenn seine Vielfalt genutzt wird: Ein spontaner, humorvoller Umgang mit prekären Situationen erfordert gezielte Übung und Humor-Verstehen ist ein lebenslanger Lern- und Sozialisationsprozess. Um dies alles zu gewährleisten, ist Humor (mit all seinen Konnotationen) integraler Bestandteil der Handlungsmethodenausbildung in der Sozialen Arbeit. Humor stellt eine Ressource dar, die in der Sozialen Arbeit gewinnbringend genutzt werden kann. In dieser Situation muss Humor professionell kultiviert werden, wobei zu beachten ist, dass die Fachkräfte der Sozialen Arbeit immer mit Personen konfrontiert werden, die hinsichtlich des Humors kultur-, geschlechts- und milieuspezifisch anders geprägt sind als sie selbst.

Mit der Bearbeitung des Studienbuchs erreichen Sie folgende Lernziele:

- Sie wissen, was Emotionen sind, wie diese entstehen und wozu sie gut sind.
- Sie haben ein Verständnis dafür entwickelt, dass Soziale Arbeit Emotionsarbeit ist und dass die Bearbeitung von und der reflektierte Umgang mit Emotionen Kennzeichen professionellen Handelns sind.
- Sie haben das nötige Hintergrundwissen, das zum Verständnis und zur kritischen Beurteilung von Humor in der Sozialen Arbeit notwendig ist.
- Sie erkennen mittels empirischer Einblicke in die Thematisierung von Humor durch Fachkräfte der Sozialen Arbeit sowie die Adressatinnen und Adressaten die Relevanz des Humors für die Soziale Arbeit.
- Sie sind mit Humor als Medium professioneller Interaktion und Kommunikation vertraut, kennen Beispiele für den Einsatz von Humor im beruflichen Alltag und wissen um die Bedeutung angemessener, kultur-, geschlechts- und milieuspezifischer humorvoller Interventionen.
- Sie haben sich selbstbeobachtend mit ihrem eigenen Humorstil reflexiv auseinandergesetzt und Wege zu dessen Weiterqualifizierung kennengelernt.
- Sie wissen, dass Humor als Fähigkeit zu schulen, zu üben, zu verfeinern und professionell zu kultivieren ist.

1 Die bunte Welt der Emotionen

Nach Bearbeitung dieses Kapitels haben Sie vertiefte Kenntnisse, um präzise Antworten auf folgende Fragen geben zu können: Warum sind Emotionen heute erneut wichtig? Was sind überhaupt Emotionen, wie entstehen sie, welche gibt es und wozu sind sie gut? Sie haben einen notwendigerweise selektiven Überblick über die Vielfalt und die Vitalität von Emotionen gewonnen, der Ihnen wertvolles Basiswissen über das Phänomen der Emotionen vermittelt.

Sie wissen vermutlich aus eigener Erfahrung: Emotionen sind alltäglich, allgegenwärtig und mächtig. Sie bewegen uns nicht einzig als von Zeit zu Zeit auftretende psychische Zustände wie Freude, Angst, Trauer, Wut, Scham usw., sondern färben unsere Beziehungen, Lebensdeutungen, moralischen Werturteile, Weltsichten und bestimmen darüber, was für uns gut und schlecht, angenehm und unangenehm, schön und hässlich, wahr und falsch, was zählt und was unwichtig ist.

ÜBUNG 1.1:

Stellen Sie sich folgende Situationen bildlich vor:

- Ihre Partnerin oder Ihr Partner hat Sie belogen.
- Jemand hilft Ihnen sehr.
- Sie können ohne Angst vor Publikum sprechen.
- Im Kino klingelt Ihr Handy.
- Das Handy einer Freundin klingelt im Kino.
- Ihre Arbeitskollegin bekommt eine Gehaltserhöhung.

Was fühlen/empfinden Sie jeweils?

Nun wissen Sie bzw. haben sich vergegenwärtigt, dass durch die Wahrnehmung von bestimmten Ereignissen oder Objekten oder allein den Gedanken daran, eine Emotion bei Ihnen ausgelöst wird (bzw. werden kann). Sie haben vermutlich auch bereits mehrfach die Erfahrung gemacht (oder machen müssen), dass eine Emotion häufig mit einer physiologischen Reaktion einhergeht (etwa, wenn Sie eine in körperlicher

Hinsicht unangenehme Schamesröte im Gesicht verspüren und am liebsten im Boden versinken würden, weil Sie sich blamiert fühlen) oder in Handlungen zum Ausdruck kommt (z. B., wenn Sie vor Wut kochen und diese Sie dazu bringt, Türen zu knallen, zu schreien oder wegzulaufen).

Aber von uns erlebte Emotionen müssen nicht immer mit sichtbaren äußeren Anzeichen auftreten: Sie sind z. B. zutiefst enttäuscht und traurig, aber Sie wollen für sich allein trauern und keine Träne vor anderen vergießen. Es gibt aber nicht nur das echte, ggf. nicht gezeigte, sondern auch das simulierte emotionale Verhalten: Dies liegt z. B. dann vor, wenn eine Person nur behauptet, sehr enttäuscht zu sein, oder wenn ein vorgetäuschtes Lächeln oder ein bewusst falsches Lachen gezeigt wird, um andere zu täuschen.

Aus all diesen vermeintlich simplen Alltagsbeobachtungen lässt sich bereits an dieser Stelle etwas Wesentliches für das Verständnis von Emotionen schlussfolgern:

DEFINITION 1.1:

Emotionen sind (von Zeit zu Zeit auftretende) aktuelle psychische Erregungen bzw. Reaktionen auf ein wahrgenommenes, verarbeitetes, klassifiziertes und interpretiertes Umweltereignis, wobei eine Bewertung der Erlebnisqualität (etwa angenehm oder unangenehm) stattfindet. Emotionen treten auch ohne sichtbare äußere Anzeichen auf (vgl. Hülshoff, 2012, S. 13; Junge; Reisenzein, 2018, S. 71 f).

Dass wir heutzutage jederzeit über unsere Emotionen im Alltag und Beruf und die damit verknüpften körperlichen Erregungen sprechen (können), die Grenzen zwischen Privatheit und Öffentlichkeit zunehmend unschärfer werden, wir uns mehr und mehr darüber im Klaren werden, dass in allen Erziehungs- und Bildungsprozessen immer auch Emotionen beteiligt sind, die professionelle Kultivierung der Emotionen als eine Zukunftsaufgabe Sozialer Arbeit auf der Agenda steht und sich die Wissenschaften intensiv mit Emotionen beschäftigen, ist keinesfalls eine Selbstverständlichkeit. So wurde beispielsweise in der Psychologie die Beschäftigung mit und die Erforschung von Emotionen in den 1930er-Jahren als Kuriosität der Vergangenheit belächelt (vgl. Schmidt-Atzert, 1996, S. 11).

Das Spektrum der Disziplinen, die sich heutzutage zunehmend mit Emotionen beschäftigen, reicht dabei von Psychologie, Psychoanalyse, Philosophie, Psychiatrie, Physiologie, Neurowissenschaft, Kognitionswissenschaft, Soziologie über die Literaturwissenschaft, Theologie, Erziehungswissenschaft bis hin zur Sozialen Arbeit. In Abhängigkeit vom gewählten disziplinären Fokus stehen jeweils andere Aspekte und Konzepte von Emotionen im Vordergrund: Erforschen beispielsweise Wissenschaftler aus der Physiologie die universellen biologischen und körperlichen Aspekte der Emotionen mit ihren automatischen Verhaltensabläufen im Labor, gehen andere in einer soziologischen Perspektive davon aus, dass Emotionen auf den sozialen, gesellschaftlichen, kulturellen oder historischen Charakter von Emotionen verweisen – und erforschen die erworbenen Emotionen im alltäglichen Leben. Für wiederum andere sind Emotionen psychologische Phänomene, die preisgeben, wie ein Mensch etwas einschätzt und bewertet, oder es werden die unbewussten Triebdynamiken im Rückgriff auf die Psychoanalyse betont. In einer weiteren sozialwissenschaftlichen Perspektive wird davon ausgegangen, dass das wesentliche Kriterium für die Identifikation von Emotion das individuierte (= subjektive) emotionale Erleben ist: Nach diesem Verständnis können emotionale Zustände nicht in einer verobjektivierten Weise beschrieben oder naturwissenschaftlich gemessen werden. Und wiederum andere bemühen sich disziplinübergreifend, diese und viele weitere Emotionskonzepte miteinander zu verschränken und werfen in ihrer Emotionsforschung wissenschaftliche Fragen zum Zusammenhang von Psyche und Gesellschaft, Natur und Kultur, Körper und Geist auf (vgl. Schützeichel, 2006, S. 12 ff.).

In dieser Situation hat Claudia Wassmann (2002, S. 141) den Versuch einer Synthese der wissenschaftlichen Antworten auf die Frage, was Emotionen sind, unternommen. Diese im Folgenden wiedergegebene Zusammenschau der wichtigsten Themen und Ergebnisse der Emotionsforschung bereits zu Beginn dieses Kapitels soll Ihnen als wertvolle Orientierungshilfe bei Ihrer Beschäftigung mit der „bunten Welt der Emotionen" und zugleich als roter Faden für die Bearbeitung dieses Buches dienen.

> „Emotionen sind psycho-physische Phänomene. Sie sind das Kernstück des Reiz-Evaluierungssystems des Gehirns. Sie wurden nicht für den Menschen entwickelt, sondern als ein evolutionäres Produkt, das wir mit allen Säugetieren gemeinsam haben. Sie sind ‚vorsprachlich'. Sie bilden ein Signalsystem, das unsere Mitmenschen über unsere Gemütsverfassung

und unsere Handlungsabsichten informiert. Sie sind genetisch fixiert und von der Kultur geformt. Sie sind universell und höchst individuell zugleich. Sie stellen ‚Marker' dar, die uns über den Ausgang früherer Handlungen informieren und als interne Entscheidungshilfen fungieren. Sie organisieren die Aktionen des Gehirns durch die Färbung der Informationsverarbeitung, die Steuerung der Ausschüttung von Botenstoffen und die Produktion von Stresshormonen. Sie machen den Körper handlungsbereit und lenken die Aufmerksamkeit. Sie erleichtern die Gedächtnisbildung, können sie aber auch verhindern. Sie beeinflussen die Abspeicherung und das Abrufen von Gedächtnisinhalten.

Um Emotionen hervorzurufen, bedarf es eines Auslösers sowie der Reizverarbeitung in hierarchisch geordneten Beurteilungsstufen, die verschiedene Regionen des Gehirns einbeziehen. Es gehören eine kognitive Komponente, Reaktionen des autonomen Nervensystems und körperlich spürbare Veränderungen etwa wie Muskelverspannung, Blutdruck, Herzfrequenz, Atmung und Schweißproduktion dazu. Erst wenn diese Informationen im präfrontalen Kortex zusammenkommen, wissen wir bewusst, was wir fühlen. Eine Emotion muss nicht voll zum Ausdruck kommen. (...) Menschen sind unterschiedlich befähigt, ihre Emotionen zu kontrollieren und hinter einer unbeweglichen Fassade zu verbergen. Dass eine Emotion dennoch vorhanden ist, zeigen Messungen von nicht wahrnehmbaren Mikrobewegungen der Gesichtsmuskulatur im Elektromyogramm. Allerdings ist die Empfindungsfähigkeit individuell unterschieden. (...) Verschiedene Theorien versuchen Emotionen zu erklären." (Wassmann, 2002, S. 141)

Werden diese unterschiedlichen Komponenten von Emotionen auf eine Kurzformel gebracht, bleibt festzuhalten:

! Dem Erleben von Emotionen, die in der Regel objektgerichtet sind, liegt ein komplexer, mehrdimensionaler Zusammenhang von subjektiven Empfindungen, Bezugsgegenständen (= Reizen, Objekten), Körpervorgängen, kognitiven Interpretationen und Ausdrucksweisen im Verhalten zugrunde.

Emotionen sind in der Gegenwart Thema vieler Wissenschaften, die unterschiedliche Emotionsbegriffe haben. Dieser Umstand führt in der Konsequenz dazu, dass es bis heute keine einheitliche Definition und keine allgemein anerkannten exakten

Antworten darauf gibt, was Emotionen sind, wie sie entstehen und welche Auswirkungen sie haben. Vor diesem Hintergrund gilt es, im Weiteren zunächst das Konstrukt Emotionen näher zu bestimmen und auf einige Begriffe aus dem Umfeld von Emotionen einzugehen, um auf dieser Grundlage abschließend eine heuristische Arbeitsdefinition vorzustellen. Dabei zeigen sich auch in einer historischen Perspektive Erkenntnisse, die z. T. bis heute gewinnbringend sind.

1.1 Emotionen: Wie Wissenschaften sie beschreiben, ordnen und erklären

Emotionen zu definieren, ist nicht gerade einfach. Viele glauben zu wissen, was eine Emotion ist, bis sie aufgefordert werden, diese zu definieren (vgl. Schmidt-Atzert, 1996, S. 18). Zählen Sie auch zu diesem Personenkreis?

In der Alltagssprache gibt es viele Begriffe, die auch als Synonyme von Emotion verwendet werden. Hierzu zählen z. B. Gefühl, Stimmung, Affekt, Gemüt, Erregung, Wohlbefinden oder auch Leidenschaft. Doch nach welchen Kriterien unterscheiden sich diese Bezeichnungen?

Begeben wir uns zur Beantwortung dieser Frage zunächst auf eine lexikalische Spurensuche zu Emotionen. Wird auf einen Zeitraum von fast dreihundert Jahren (beginnend um 1750) zurückgeblickt, fördert der Blick in einschlägige Lexika folgende Veränderungen in Gebrauch und Semantik des Begriffs Emotion zutage:

> „Musste man 1733 unter *Begierde* nachschauen, um etwas über Leidenschaften, Gemütsbewegungen und Neigungen in Erfahrung zu bringen, hat sich im 20. Jahrhundert der Begriff *Emotion* an die Spitze des Gefühlsvokabulars gesetzt. Der Begriff der *Leidenschaft/Passion*, der im 18. und 19. Jahrhundert ebenso häufig wie kontrovers war, befindet sich seitdem und im Zeichen von kultureller *coolness* als ‚Strategie und Attitüde' merklich auf dem Rückzug. Die spezifisch deutschen und kaum übersetzbaren Worte *Gemüt* und *Gemütsbewegung*, die im 19. Jahrhundert Hochkonjunktur hatten, fristen im 20. Jahrhundert nur noch ein Schattendasein. Demgegenüber hat sich *Stimmung*, die bis ins frühe 20. Jahrhundert hinein ausschließlich oder vornehmlich musikalisch konnotiert war, seit den 1950er Jahren als Gefühlsbegriff etabliert." (Frevert, 2011, S. 264)

Die zeitgeschichtliche Lexika-Untersuchung macht deutlich, dass sich hinter der Umschichtung der Begriffe und ihrer Bedeutungen mannigfaltige Bemühungen verbergen, Emotionen zu ordnen, zu unterscheiden, abzugrenzen und zu bewerten. Ferner zeigt sich, dass manche Begriffe ihre umfassende Bedeutung nahezu verloren haben. Auch wenn in diesem Studienbuch der Begriff der Emotion als Ober- und Kollektivbegriff der vielen einzelnen Empfindungen des Menschen herangezogen wird, lohnt es sich an dieser Stelle, zur Klärung der untersuchten Phänomene einige der verwandten Begriffe oder Konstrukte zugespitzt zu definieren:

DEFINITION 1.2:

Ein **Affekt** ist eine intensive, heftige und kurz andauernde (reaktive) Erregung, die Menschen eher erleiden oder die ihnen zustößt. Affekte entsprechen nicht direkt ihren Werthaltungen und gehen häufig mit einem Verlust der Handlungskontrolle einher (vgl. Klinkhammer; von Salisch, 2015, S. 14).

Gefühle beschreiben die subjektiv erlebte, wertende Erlebensqualität und Wahrnehmung des Fühlens oder Empfindens eines Menschen (und blenden weitgehend den emotionalen Ausdruck und die Handlungstendenzen aus). *Moralische Gefühle* lassen sich als Orientierungsgefühle (= Ja-Gefühl oder Nein-Gefühl) fassen, die eine Situation, Handlung oder Person bewerten und als eigenständige Verarbeitungsform der sozialen Wahrnehmung zu Handlungen motivieren, die mit unseren moralischen Gewohnheiten korrespondieren. Wer moralisch fühlt, spürt intuitiv, was angemessen ist und was nicht (vgl. Heller, 1980, S. 114 ff.; Schmid Noerr, 2003, S. 40).

Stimmung meint eine eher länger andauernde und schwach ausgeprägte emotionale Veränderung mit einer positiven oder negativen Wertigkeit (z. B. Heiterkeit, Traurigkeit), die keine unmittelbare Reaktion auf einen Auslöser darstellt (vgl. Schmidt-Atzert, 1996, S. 24 f.).

Eine **Empfindung** (feelings) ist das, was der Mensch im Falle von Emotionen körperlich bemerkt oder spürt (vgl. Brandstätter et al., 2018, S. 212).

Unter **Wohlempfinden** werden die positiven Erregungen gefasst (vgl. Schmidt-Atzert, 1996, S. 26).

Leidenschaft meint das Empfinden/Verspüren einer besonders intensiven Emotion bzw. das besonders starke affektähnliche Streben nach einem bestimmten Ziel (vgl. Fröhlich; Drever, 1981, S. 216).

Mit **Gemüt** wird die enge Einheit des geistigen und sinnlichen Emotionslebens bezeichnet (vgl. Frevert, 2011, S. 33 f.).

Ein anderer Zugang zur Beantwortung der Frage, was Emotionen sind, besteht darin zu recherchieren, welche Emotionen es gibt. Wie viele mag es geben? Unendlich viele? Und variiert die Anzahl der Emotionen nicht mit der Gesellschaft, in die man hineingeboren wurde?

ÜBUNG 1.2:

Recherchieren Sie im Internet, welche unterschiedlichen Klassifikationen von Emotionen es gibt.

In der Emotionsgeschichte hat es zahlreiche Bemühungen gegeben, Emotionen zu klassifizieren und ihre Struktur zu bestimmen (vgl. Schmidt-Atzert, 1996). Nach Brandstätter et al. (2018, S. 131) ist hierbei zwischen dimensionalen und kategorialen Konzeptionen zu unterscheiden: Geht es bei den dimensionalen Konzeptionen darum, die Emotionen in ihrer jeweiligen Ausprägung und als Ausdruck von verschiedenen Variablen einzuordnen, steht bei kategorialen Konzeptionen im Zentrum, die verschiedenen Emotionen inhaltlich voneinander abzugrenzen.

Sehr einflussreich ist die dimensionale Emotionskonzeption von Wilhelm Wundt (1903) mit der Annahme dreier grundlegender emotionaler Kerndimensionen, wobei jede Emotion an jeweils einem Punkt der Dimensionen lokalisiert und gemessen werden kann. Das emotionale Erleben, d. h. die Emotionsqualität bzw. die Intensität einer Emotion, wird anhand folgender bipolarer, kontrastierender Hauptdimensionen bestimmt:

- *Erregung-Beruhigungs-Dimension* als Ausdruck der erlebten Intensität einer Emotion (etwa vor und nach einer Prüfung)

- *Lust-Unlust-Dimension* als Ausdruck der wahrgenommenen positiven bzw. negativen Qualität einer Emotion (z. B. beim Essen und Trinken, bei sportlichen Aktivitäten)
- *Spannung-Lösungs-Dimension* z. B. bei Erwartungsemotionen (wie Hoffnung, Furcht), die mit Spannung verbunden sind, die sich bei positiven Ereignissen löst bzw. wenn ein negatives Ereignis ausbleibt.

Ein erstes, häufig angeführtes Beispiel dafür, Emotionen differenziell zu klassifizieren, liefern Ulrich und Mayring (2003, S. 151 f.), die die Qualität von Emotionen grob in vier unterschiedliche Gruppen einteilen:

- **Zuneigungsgefühle** (1. Liebe, Sympathie, Bindungsgefühl; 2. Stolz, Selbstwertgefühl; 3. Überraschung, Schreck)
- **Abneigungsgefühle** (4. Ekel, Abscheu; 5. Ärger, Wut, Zorn; 6. Angst, Furcht; 7. Eifersucht; 8. Neid)
- **Wohlbefindlichkeitsgefühle** (9. Lustgefühl, Genusserleben; 10. Freude; 11. Zufriedenheit; 12. Glück)
- **Unbehagenheitsgefühle** (13. Niedergeschlagenheit, Trauer, Kummer; 14. Scham; 15. Schuldgefühl; 16. Langeweile, Müdigkeit, Leere; 17. Anspannung, Nervosität, Unruhe, Stress; 18. Einsamkeitsgefühle)

Ein weiteres prominentes Beispiel für einen kategorialen Ansatz, bei dem Emotionen als klar voneinander abgrenzbare und universelle Phänomene gefasst werden, bildet der Emotionsansatz von Paul Ekman. Dieser hat als Ausgangspunkt, dass der Mensch von Geburt an mit Basisemotionen biologisch ausgestattet ist und diese das Ergebnis evolutionärer Entwicklungsprozesse sind. Hinzu kommt eine Anzahl sekundärer Emotionen, die durch Mischung mit den grundlegenden Emotionen entstehen.

BEISPIEL 1.1:

Säuglinge, die seit ihrer Geburt blind sind, zeigen beim Wohlempfinden automatisch und unwillentlich den gleichen Gesichtsausdruck des sozialen Lächelns. Sind die Basisemotionen biologischen Ursprungs, schließt dies aber nicht aus, dass Emotionen kulturspezifisch sein können. So kennen beispielsweise die Gururumba aus Neuguinea eine Emotion, die sie als *„Wildschwein sein“* bezeichnen. In diesem emotionalen Zustand verhalten sich die Menschen wie Wildschweine und rennen durch die Gegend, greifen Menschen an, denen sie begegnen, und stehlen wertlose Gegenstände (vgl. Evans, 2013, S. 29).

Mit dem sogenannten Facial Action Coding System hat Paul Ekman (2017) eine Methode zur Messung von Gesichtsbewegung bzw. der Emotionserkennung entwickelt, mit der man anhand des assoziierten mimischen Ausdrucks des Gesichts die Basis- oder Primäremotionen entschlüsseln kann.

DEFINITION 1.3:

Als Basisemotionen werden jene Emotionen bezeichnet, denen immer ein bestimmter, universeller emotionaler Gesichtsausdruck zugeordnet werden kann, der kulturübergreifend gezeigt und verstanden wird sowie lesbar ist. Sie sind fest im Gehirn verankert und werden von den Genen vorgegeben (vgl. Zimbardo et al., 2016, S. 532 ff.).

Für Ekman sind Wut, Ekel, Verachtung, Freude, Trauer, Angst und Überraschung die sieben Basisemotionen, die angeboren, kulturübergreifend und universell sind und von allen Menschen verstanden werden. Es gibt keine Kultur, die diese Emotionen nicht kennt. Oder anders formuliert: Mimik ist eine universelle Sprache.

ÜBUNG 1.3:

Können Sie Emotionen lesen? Öffnen Sie die Website „Emotionen lesen lernen“ (http://www.aon.media/6r4otd) und ordnen Sie mithilfe der animierten GIF-Bilderserie den gezeigten Gesichtsausdrücken die Basisemotionen zu.

Es gibt aber auch große Skepsis an diesem verhaltenstheoretischen Emotionsansatz, der sich in der Tradition des Evolutionstheoretikers Charles Darwin positioniert (vgl. Kap. 1.2). So verweisen andere Forscher in ihrer Kritik an dieser Rekonstruktion von

„Gefühle lesen" beispielsweise darauf, dass selbst unter der Annahme, dass Gesichtsausdrücke auf einem biologischen Fundament der Fähigkeit beruhen, eine grundlegende Anzahl menschlicher Emotionen auszudrücken und zu interpretieren, bei anderen Forschungen nicht die gleichen sieben Basisemotionen identifiziert werden. Ein Beispiel für eine andere Auflistung liefert beispielsweise Izard (1994, S. 63 ff.), wenn er folgende zehn fundamentale Emotionen erarbeitet: Ärger, Verachtung, Ekel, Belastung, Furcht, Schuld, Interesse, Freude, Scham und Überraschung.

Weiterhin wird kritisiert, dass Ekman die sozialen und kulturellen Einflüsse, aber auch die Geschlechtsunterschiede für das weitere Erleben dieser Basisemotionen und damit die soziale Gestaltbarkeit des Emotionsausdrucks wie auch die Gestaltbarkeit der Emotionen übersieht (vgl. Reichertz, 2013, S. 107):

- So drückt z. B. der gleiche Mensch die gleiche Emotion manchmal auf verschiedene Arten aus,
- unterschiedliche Menschen drücken die gleiche Emotion unterschiedlich aus und
- manche Menschen drücken eine Emotion intensiv aus, andere nur schwach oder auch gar nicht.

Hinzu kommen einige Geschlechtsunterschiede in Bezug auf die Emotion, die von der Biologie und von der Kultur abhängen. So lassen sich etwa biologische Unterschiede zur Erklärung anführen, dass emotionale Beeinträchtigungen wie Depression oder Panikstörungen häufiger bei Frauen vorkommen, wohingegen Männer stärker Wut zeigen und in der Folge auch gewalttätiger sind. Dies schließt aber nicht aus, dass einige Geschlechtsunterschiede auch kulturell bedingt sind. So zeigt sich etwa im Umgang mit Traurigkeit, dass in der einen Kultur (z. B. Italien) Männer häufiger als Frauen diese Emotion unterdrücken und in anderen es genau umkehrt ist (Spanien, Deutschland). Dennoch ist grundsätzlich über solche Unterschiede hinweg festzuhalten, dass die Unterschiede zwischen Personen wesentlich wichtiger sind als die Unterschiede zwischen Kulturen oder Geschlechtern (vgl. Zimbardo et al., 2016, S. 535).

HINWEIS:

Es gibt aber auch Menschen, die ihre eigenen Emotionen und die von anderen nur vermindert oder gar nicht wahrnehmen und einordnen können. Schätzungen zufolge trifft dieses von Emotionsforschern als emotionale Gefühlsblindheit oder emotionales Analphabetentum (= Alexithymie) bezeichnete Persönlichkeitsmerkmal auf ca. 10 % der Bevölkerung zu (vgl. Stangl, 2021b).

In Kenntnis dieser Klassifikationsversuche und Dimensionsanalysen, die sich das Identifizieren und Ordnen von Emotionen zur Aufgabe gemacht haben, sollen nun ausgewählte Emotionen prägnant beschrieben werden (vgl. Ulich; Mayring 2003, S. 152 ff.).

Emotionen-Abc *(das typische Ausdrucksverhalten)*

Ärger entsteht, wenn man auf unnötige, als ungerechtfertigt eingestufte Hindernisse beim Handeln stößt oder sich durch andere geschädigt fühlt *(Stirnrunzeln, der harte, starre, drohende Blick, das Entblößen der zusammengebissenen Zähne).*

Angst ist Ausdruck einer starken Bedrohung auf eine unspezifische, globale Erregung und warnt vor einem drohenden Ereignis, das als beängstigend erkannt wird. *(Hochgezogene Augenbrauen, der innere Stirnteil zusammengezogen, horizontale Falten zwischen den Augenbrauen, weit geöffnete Augen, gespanntes Unterlid, geöffneter Mund, Lippen nach hinten gezogen. Hinzu kommen oft Weinen, Zittern, eine kauernde Haltung, sich an eine schützende Person anklammern. Das Ausdrucksverhalten kann bei Angst aber ggf. auch völlig kontrolliert werden.)*

Anspannung ist eine weitgehend automatisierte Reaktion zur Mobilisierung aller Energien des Körpers für eine Angriffs-, Widerstands- oder Fluchtreaktion *(verspannte Haltung und Gesichtszüge, Zusammenbeißen der Zähne, zappeliges und fahriges Verhalten).*

Eifersucht basiert auf dem leidenschaftlichen Streben nach Alleinbesitz emotionaler Zuwendungen einer Person verbunden mit der Angst vor tatsächlichen oder vermuteten Konkurrenten *(verhärteter Mund, verspannter Gesichtsausdruck).*

Einsamkeit bedeutet das subjektive Erleben eines Defizits sozialer Beziehungen und dessen Bewertung als negativ, belastend *(kein typisches Ausdrucksverhalten, aber Ähnlichkeiten mit dem der Trauer).*

Ekel meint eine Empfindung der Abneigung, des Abgestoßenseins und ist stark über Körperemotion (Übelkeit) definiert. (*Naserümpfen, Hochziehen der Oberlippe, Herunterziehen der Mundwinkel, leicht geöffneter Mund. Bei extremem Ekel Gesten wie Zunge herausstrecken, Ausspucken, Hände mit gespreizten Fingern vor das Gesicht nehmen.*)

Freude stellt ein allgemeines, angenehmes und situationsspezifisches Wohlfühlen dar *(Hochziehen der Mundwinkel, Wangen heben sich, Straffung der unteren Augenpartie [= Lachfältchen erscheinen]*).

Furcht entsteht bei einer offensichtlichen Bedrohung *(nahezu das gleiche Ausdrucksverhalten wie bei Angst).*

Glück meint das umfassendste Gefühl tiefen subjektiven Wohlbefindens und ein Aufgehen in der Emotion *(kein spezifisches Ausdrucksverhalten, ähnlich wie Lustgefühl, Zufriedenheit).*

Langeweile bedeutet das Erlebnis zielloser Strebungen in Verbindung mit Interessenlosigkeit und hoffnungsloser Gleichgültigkeit *(ziellos umherwandernder Blick häufig zum Fenster hinaus, nervöse Betätigungen wie auf und ab gehen, mit den Fingern trommeln).*

Liebe als die gefühlte, gedachte und gewollte Verbundenheit mit anderen ist mit Aspekten wie Leidenschaft, Intimität, Bindung verbunden *(Zulächeln, den anderen ansehen, sich zum anderen hinneigen und insbesondere Körperkontakt).*

Lustgefühl umfasst den Bedürfnisbezug von Lust etwa zur Befriedigung von Grundbedürfnissen sowie komplexerer Bedürfnisse (Behaglichkeit). Zudem wird darunter ein starkes, unmittelbares Erleben von sinnlichen Erlebnissen gefasst *(völlige Entspannung der Gesichtsmuskulatur, oft ein Schließen der Augen).*

Mitgefühl umfasst das Einfühlen (= Sympathie) und das Mitfühlen (= Empathie). Beides beinhaltet das Nachvollziehen anderer Moralvorstellungen *(kein typisches Ausdrucksverhalten)*.

Neid entspringt dem Verlangen, etwas zu bekommen, das ein anderer besitzt, aber aktuell nicht erreichbar scheint *(verminderte Blutzirkulation, Zusammenziehen der Blutgefäße im Sinne von „blass vor Neid sein“)*.

Scham bedeutet die befürchtete Geringsetzung durch andere (= soziale Scham) und Eindringen anderer in die Intimsphäre (= intime/sexuelle Scham), aber auch das Erleben mangelnder eigener Kompetenz *(Abwenden des Kopfes, der Kopf wird zur Seite nach unten gewandt, die Augen sehen zur Seite und wandern von der einen Seite zur anderen, Blickkontakt zu anderen wird vermieden, leises Sprechen; evtl. aber auch kein Ausdrucksverhalten)*.

Schuldgefühl stellt eine Art innere Sanktion dar, Unrechtes getan zu haben, moralische oder ethische Regeln/Prinzipien einer Gemeinschaft verletzt zu haben *(gesenkter Kopf, abgewandter Blick, bedrückter Gesichtsausdruck)*.

Stolz als eine bewusst erlebte Selbstwertempfindung. Ist Stolz übersteigert, kann er zu Hochmut, Eitelkeit, mangelnder Bescheidenheit und Demut führen *(die aufrechte Haltung, die gehobene Brust, weit geöffnete Augen und Lächeln)*.

Trauer bedeutet, wegen einer bestimmten Ursache zu leiden, seelische Schmerzen zu verspüren bis hin ein Stück weit das eigene Selbst verloren zu haben *(niedergeschlagene Körperhaltung, Weinen, die Augenbrauen sind nach oben gezogen, der Blick nach unten gerichtet)*.

Überraschung ist eine kurzfristige emotionale Reaktion auf ein unerwartetes, plötzliches Ereignis *(hochgezogene Stirn, Entstehung von Stirnlängsfalten, hochgezogene Augenbrauen, große und runde Augen, oval geöffneter Mund)*.

Wut bezeichnet die affektive Erregung, die mit dem Willen zum Gegenschlag gegen eine Gefährdung der Selbsterhaltung oder eines Machtanspruches des Subjekts einhergeht *(Veränderungen der unteren Gesichtshälfte, Lippen sind gespannt, starrer Blick)*.

Zorn meint eine moralische Entrüstung *(Veränderungen der oberen Gesichtshälfte)*.

Zufriedenheit ist ein überdauernder emotionaler Ausdruck, dass die eigenen Ansprüche und Ziele erreicht worden sind *(kein typisches Ausdrucksverhalten, höchstens entspannte Gesichtszüge, leichtes Lächeln)*.

Werfen wir nun einen komprimierten Blick darauf, nach welchen Merkmalen sich Emotionen unterscheiden lassen, aus welchen verschiedenen Komponenten sie sich zusammensetzen, welche Funktionen sie haben und inwieweit wir eine bewusste Kontrolle über unsere Emotionen haben, die mit unserer Motivation und unisono mit Fragen nach den „Motiven und Beweggründen menschlichen Handelns" (Rothermund; Eder, 2011, S. 11) eng zusammenhängen.

DEFINITION 1.4:

„Der Kern einer Emotion sind Handlungsbereitschaft (*readiness to act*) und das Nahelegen (*prompting*) von Handlungsplänen; eine Emotion gibt einer oder wenigen Handlungen Vorrang, denen sie Dringlichkeit verleiht. So kann sie andere mentale Prozesse oder Handlungen unterbinden oder mit ihnen konkurrieren." (Oatley; Jenkings, 1996, S. 96, zit. n. Brandstätter, Otto, 2009, S. 13 f.)

In Kenntnis des wechselseitigen Einflusses von Emotion und Motivation (und damit von Leistungsbereitschaft, Eifer, Machtstreben, Neugier, sozialen Bedürfnissen etc.) lässt sich folgende plakative Kurzformel aufstellen: ohne Motivation keine Emotion, ohne Emotion keine Motivation.

DEFINITION 1.5:

„Emotionen sind eine spezielle Klasse von Motiven, die uns dabei helfen, unsere Aufmerksamkeit auf wichtige (gewöhnlich äußere) Situationen zu richten und darauf zu reagieren sowie anderen unsere Absichten mitzuteilen." (Zimbardo et al., 2016, S. 528)

Wie bereits ausgeführt, lassen sich Emotionen als hypothetische Konstrukte fassen, die ein Befinden bzw. eine ereignisbezogene und/oder schema- bzw. erinnerungsgebundene Reaktion auf ein bestimmtes Erlebnis oder Ereignis beschreiben. Vor diesem Hintergrund kennzeichnen Emotionen (wie zugleich auch das Phänomen Motivation als Zustand des Motiviertseins) folgende vier Merkmale, die als sich ergänzende Perspektiven zu verstehen sind (vgl. Stangl, 2021a):

- **Aktivierung:** Welches Verhalten bzw. welcher Erregungszustand wird durch die Emotionen (ggf. auch mit Leidenschaft) in Bewegung gesetzt bzw. verfolgt? Emotionen sind immer mit einem gewissen Grad an Erregung verknüpft, aber wir unterscheiden uns alle darin, wie stark wir unsere Emotionen erleben und/oder ausdrücken. Solche persönlichen Unterschiede sind Ausdruck einer Instabilität auf emotionaler Ebene.
- **Richtung:** Handelt es sich auf einer (individuumsspezifischen) Bewertungsskala um eine subjektiv positiv bewertete, d. h. angenehme, oder um eine subjektiv negativ bewertete, d. h. unangenehme, Emotion? Emotionen sind also in doppelter Weise einseitig: Sie selektieren einerseits den Aufmerksamkeitsfokus, andererseits können persönliche Unterschiede dazu führen, dass einem Ereignis eine unterschiedliche Bedeutung zugeschrieben wird.
- **Intensität:** Wie intensiv wird in einer Situation die Emotion wahrgenommen bzw. erlebt? Je realer das Ereignis wahrgenommen wird, desto größer die emotionale Intensität.
- **Ausdauer:** Wie lange hält der erlebte emotionale Zustand an, der häufig spontan erscheint und nur von kurzer Dauer bzw. relativer Kürze ist?

HINWEIS:

Nach Klaus Rainer Scherer (2005, S. 700 ff.) sind Emotionen gleichfalls von persönlichen, sozialen und kulturellen Faktoren sowie Kontexten geprägt. Scherer definiert sieben Merkmale, die die Logik der Emotionen kennzeichnen: Ereignisfokussierung (= event focus), Bewertung (= appraisal driven), Synchronisation (= response synchronization), Veränderungstempo (= rapidity change), Verhaltensbeeinflussung (= behavorial impact), Intensität (= intensity) und Dauer (= duration).

Widmen wir uns nun der Frage, woraus Emotionen bestehen. Jede Emotion hat vier Hauptkomponenten (vgl. Brandstätter et al., 2018, S. 168 f.):

- Die **kognitive Komponente** meint die kognitive Interpretation sowohl der Ereignisse bzw. Erlebnisse als auch der Emotionen und besteht darin, dass die Situation bewusst erkannt, bewertet und interpretiert wird.
- Die **subjektive Komponente**, die auch als interpersonale Ausdrucks- und Mitteilungskomponente bezeichnet wird, verweist darauf, dass das jeweilige Emotionserleben subjektiv ist und in der Konsequenz nicht objektiv erfasst werden kann. Um Emotionen zu untersuchen, sind die Personen zu befragen.
- Die **(neuro-)physiologische Erregungskomponente** bezieht sich auf objektiv gut erfassbare Reaktionen des neuronalen und hormonellen Systems (wie Herzrasen, Blutdruck, Hauttemperatur, Hormonkonzentration im Blut oder Speichel).
- Die **Verhaltenskomponente** ruft einen auch ohne technische Hilfsmittel beobachtbaren Ausdruck der Emotion im Verhalten hervor (etwa emotionsgeladene Gesichtsausdrücke und/oder Vokalisierungen wie Grimassieren oder Schreien).

HINWEIS:

Wegen der unklaren Beziehungen zwischen den vier Hauptkomponenten einer jeden Emotion können die unterschiedlichen Emotionskomponenten teilweise vollständig dissoziieren bzw. auseinanderfallen. So kann man ein bestimmtes Gefühl haben (= subjektive Komponente), ohne einen entsprechenden emotionsgeladenen Gesichtsausdruck zu zeigen (= Verhaltenskomponente) (vgl. Brandstätter et al., 2018, S. 169).

Im Folgenden wird aufgezeigt, welche Funktionen die zuvor beschriebenen emotionalen Reaktionen haben. Weitgehende Einigkeit im einschlägigen Fachdiskurs besteht darin, dass sich folgende drei Hauptfunktionen von Emotionen unterscheiden lassen (vgl. Brandstätter et al., 2018, S. 169 ff.; Junge; Reisenzein, 2018, S. 73 ff.):

- **Aufmerksamkeitssteuernde Funktion:** Emotionen steuern unsere Aufmerksamkeit automatisch auf die emotionsverursachenden, ggf. überraschenden, außergewöhnlichen und negativen Ereignisse, und weisen uns darauf hin, dass wir einem emotional relevanten Ereignis bzw. Reiz bei der Informationsverarbeitung verhaltenssteuernden Vorrang geben und ggf. sofort handeln müssen.
- **Motivationale Funktion:** Eine weitere wichtige Funktion haben Emotionen bei Motivationsprozessen. Emotionen erzeugen Wünsche oder Impulse und bewegen uns zu Handlungen, wenn Bedürfnisse entstehen oder wenn deren antizipierte Befriedigung in Aussicht steht (auch weil dies ggf. bei vorausgegangenen Handlungen mit der Erlangung positiver Emotionen im Gedächtnis geblieben ist). Auf die Frage, wie genau Emotionen Handlungen motivieren, gibt es zwei mögliche Antworten:

  (a) Motiviertes Verhalten zielt entsprechend der hedonistischen Theorie der Motivation darauf ab, positive Emotionen zu erlangen und negative emotionale Zustände zu vermeiden. Anders formuliert: Ist die Erwartung an das Ergebnis oder Ziel attraktiv, ist die Motivation hoch.

  (b) Nach der Theorie der emotionsspezifischen Handlungsimpulse, die auf evolutionsbiologischen Erkenntnissen beruht, erzeugen bestimmte Emotionen ohne ein dazwischengeschaltetes Motiv emotionsspezifischer Wünsche adaptive Handlungen, also Handlungen, die auf eine genetische und u. U. strukturelle Anpassung an die Gegebenheiten der Umwelt basieren. Ein oft angeführtes Beispiel für eine solche ererbte Disposition adaptiver Verhaltensweisen ist das Sich-Schützen, wenn man sich vor etwas fürchtet.

- **Kommunikative Funktion:** Emotionen liefern uns schließlich über die Aktivierung des vegetativen Nervensystems Einschätzungen und Informationen (etwa: *„Diese uns unbekannte Situation ist gefährlich"*) und signalisieren zusätzlich über das emotionale Erleben Verhaltensbereitschaft (z. B. Flucht). Emotionen als Informations- und Verstehensträgerinnen sind in ihrer kommunikativen Funktion aber nicht nur für die Person selbst, sondern über den Emotionsausdruck (d. h. Mimik, Gestik) auch nach außen hin für Dritte wahrnehmbar. So kann z. B. über den Emotionsausdruck das Interesse oder die Veränderung von Beziehungen zu anderen Menschen signalisiert werden.

Neben der Frage, welche Funktionen Emotionen haben, haben sich Emotionsforscher auch mit der Frage beschäftigt, ob wir die Art, die Intensität, den Ausdruck, den Zeitpunkt und/oder auch die Dauer von positiven und negativen Emotionen (spontan und bewusst) kontrollieren oder in eine bestimmte Richtung beeinflussen können, sprich inwieweit wir die Fähigkeit haben, mit Emotionen umzugehen, sie in den Griff zu bekommen, sie zu verbergen oder zu relativieren. Werden einschlägige Forschungsbefunde zur Emotionsregulation zusammengefasst, so zeigt sich, dass der emotionalen Kontrolle eine Schlüsselrolle in der Interaktion mit anderen Menschen zukommt und ein fester Bestandteil unseres Alltags ist.

In Zusammenhang mit der Emotionsregulation im Arbeitskontext prägte die amerikanische Soziologin Arlie Russell Hochschild (1990) den Begriff der Emotionsarbeit, die auch in den Aufgabenbereichen der Sozialen Arbeit eine mehr oder weniger implizite Arbeitsanforderung darstellt (vgl. Brandstätter et al., 2018, S. 226 f.). Ausgangspunkt ist die Beobachtung, dass in vielen Berufen klare Emotionsnormen existieren und insofern ein fachlich und zusätzlich durch die Arbeitsorganisation vorgezeichneter Normenkatalog zum Tragen kommt, der einen erwarteten Soll-Zustand von emotionalen Zuständen in bestimmten beruflichen Situationen beinhaltet und dessen Erfüllung unmittelbar mit erfolgreicher Berufsausübung verknüpft wird.

BEISPIEL 1.2:

Eine Fachkraft der Sozialen Arbeit hat dem Adressaten gegenüber negative Emotionen wie Ekel, Wut oder Langeweile zu unterdrücken oder ihnen keinen Ausdruck zu verleihen. In anderen beruflichen (Interaktions-)Situationen sind gegensätzliche Muster der Emotionsregulation gefordert, z. B. indem willentlich versucht wird, über Freude, Stolz, Lob oder Empathie die vordergründige Situationsauffassung und/oder den emotionalen Erregungszustand des Adressaten – Unlust, Scham etc. – zu beeinflussen, um ihn zur Bearbeitung einer zu bewältigenden Aufgabe oder Anforderung zu motivieren.

Emotionsarbeit erfordert demzufolge „das Zeigen oder Unterdrücken von Gefühlen, damit die äußere Haltung gewahrt bleibt, die bei anderen die erwünschte Wirkung hat" (Hochschild, 1990, S. 30 f.). In diesem Zusammenhang lassen sich mit dem *surface acting* und dem *deep acting* zwei mögliche Handlungsstrategien des Ausgleichs der Diskrepanzen zwischen Emotionsregeln und Emotionsausdruck unterscheiden (vgl. Hochschild, 1990, S. 55 ff.):

Beim surface acting – zu Deutsch „Oberflächenhandeln" – wird lediglich durch eine Modulation der Gestik, Mimik und des Körpers der Emotionsausdruck unterdrückt, während das subjektiv empfundene Erleben der Emotion unverändert bleibt. Gleicht in diesem Fall der Emotionsausdruck einem Schauspiel, da die vorgezeigte Emotion vorgespielt wird *(z. B. das Darüber-hinweg-Lächeln über das wiederholte Zuspätkommen des Adressaten zum Beratungstermin anstatt den intensiv erlebten Ärger in der Emotionsdarstellung zu zeigen)*, zeichnet sich das deep acting (= inneres Handeln oder Tiefenhandeln) demgegenüber dadurch aus, dass die in der Situation wahrgenommene Emotion als kongruent mit dem eigenen Verhalten erlebt wird (vgl. Hochschild, 1990, S. 57). Es entsteht in der Person bzw. der Fachkraft der Sozialen Arbeit demzufolge der Wille, eine geforderte Emotion hervorzurufen, ggf. eine unangemessene zu unterdrücken oder sich eine bestimmte Emotion zuzugestehen. Hochschild nimmt an, dass bei den Bemühungen, die Spannung zwischen dem Gefühl und seiner Vorspiegelung aufrechtzuhalten, über kurz oder lang die Gefahr besteht, dass dies Stresserscheinungen nach sich zieht (= emotionale Dissonanz; vgl. Hochschild, 1990, S. 100).

HINWEIS:

Das Verständnis einer emotionalen Dissonanz basiert auf der Theorie der kognitiven Dissonanz von Leon Festinger (1968). Kognitive Dissonanz entsteht immer dann, wenn man Wahrnehmungen oder Einstellungen hat, die nicht miteinander vereinbar sind und dem eigenen positiven Selbstbild widersprechen. Wird dieser Zustand mit einer unangenehmen Emotion verbunden, entsteht ein Konflikt und es wird versucht, die Dissonanz zu reduzieren, indem man z. B. den Sachverhalt ändert, Informationen kognitiv als weniger wichtig umbewertet, ggf. leugnet, oder eine neue Kognition hinzugefügt wird, um das Verhalten zu rechtfertigen.

Das Gemeinte auf den Punkt gebracht: Beim deep acting passt sich die Emotion der geforderten Emotionsnorm an und man will den im Arbeitskontext geforderten Emotionsausdruck authentisch erleben („*Warum soll ich mich über das x-te Zuspätkommen des Adressaten ärgern? Dies kommt in meinem beruflichen Handeln doch immer wieder vor und gehört einfach zur Tätigkeit in der Sozialen Arbeit dazu*“).

DEFINITION 1.6:

„Das Selbst manipuliert die Inszenierung der eigenen Gefühle, um einen bestimmten Eindruck von sich bei anderen zu erzeugen und damit die eigenen Ziele zu erreichen.“ (Knoblauch; Herbrik, 2013, S. 142)

Hochschild (1990, S. 61 ff.) geht also davon aus, dass Menschen über das deep acting in der Lage sind,

- Emotionen so zu lenken, dass eine abwesende, aber für die Situation gewünschte Emotion im Selbst evoziert bzw. hervorgerufen werden kann,
- eine gefühlte, aber nicht erwünschte Emotion unterdrückt werden kann,
- eine verdrängte, aber für die Situation prägende Emotion Eingang in das Selbst findet (vgl. Gerhards, 1988, S. 177; Schröder, 2017, S. 62).

> **!** Alle Emotionen haben eine Signalfunktion und verweisen darauf, wie eine Person sich selbst zu einer Situation oder zu einem bestimmten Ereignis positioniert und wie sie zum Handeln des Gegenübers steht. Mithilfe von Emotionsarbeit lassen sich subjektives emotionales Empfinden und vorgebende fachliche und/oder organisationsbezogene Emotionsregeln in Übereinstimmung bringen.

Emotionen sind also nicht nur präsent, sondern wir durchleben und verarbeiten sie. Im Hinblick auf die Soziale Arbeit (z. B. in beratenden Settings) dient die bewusste Auseinandersetzung mit den eigenen und fremden Emotionen der unverzichtbaren Reflexion professionellen Handelns wie auch der professionellen Entwicklung (vgl. Kap. 2.1). Die Perspektive der Emotionsregulation – also die Beeinflussung der eigenen Emotionen und derer der Adressatinnen und Adressaten sowie ein gewisses Maß an organisatorischer Kontrolle über das Emotionsverhalten aller beteiligten Akteure – eröffnet bzw. leistet in der sozialarbeiterischen und sozialpädagogischen Praxis über die professionelle Persönlichkeit und Emotionalität der Fachkräfte einen wesentlichen konstruktiven Beitrag zu einer gelingenderen, autonomeren Lebensbewältigung der Adressatinnen und Adressaten.

Prinzipiell dient die Emotionsregulation der Verfolgung folgender Ziele (vgl. Brandstätter et al., 2018, S. 223 ff.):

- Erstens geht es um die Steuerung des Eindrucks, den andere von uns haben.
- Zweitens beruht sie auf unserem Bedürfnis, anderen Menschen nicht zu schaden, sondern sie zufriedenzustellen und zu beschützen.
- Drittens geht es um das Einflussnehmen auf das Verhalten anderer (etwa, wenn das Weinen darauf ausgerichtet ist, Aufmerksamkeit und Trost zu bekommen).
- Viertens geht es um die Einhaltung geltender emotionaler Normen, wobei zwischen kulturspezifischen, geschlechts- und arbeitsbezogenen Normen unterschieden wird (z. B. wenn in einem Arbeitsbereich Emotionen willentlich herbeigeführt oder unterdrückt werden, um eine bestimmte Auswirkung auf das Gegenüber zu haben).

Hinzu kommen zwei weitere Strategien der Emotionsregulation, die sich bei erlebten negativen (und auch bei positiven) Emotionszuständen voneinander abgrenzen lassen und im Weiteren etwas genauer in den Blick genommen werden: die Strategie der Neubewertung der Situation und die Strategie der Unterdrückung des emotionalen Ausdrucksverhaltens. Wird deren jeweilige Reichweite vergleichend in den Blick genommen, zeigt sich in der Gesamtschau (vgl. Brandstätter et al., 2018, S. 233 ff.):

- *Wenn wir Situationen neue Bedeutungen geben, können diese die Intensität von Emotionen wie auch verhaltensbezogene und physiologische Reaktionen reduzieren.* Die Unterdrückung vermag zwar viele der sichtbaren mimischen und körperlichen Anzeichen einer Emotionserfahrung zu verbergen, dies geht aber zulasten deutlich intensiver werdender, sogenannter peripher physiologischer Reaktionen wie Puls-, Herz- und Hirnaktivität sowie Blutdruck.
- *Wenn wir unser emotionales Ausdrucksverhalten unterdrücken, sind damit zugleich viele unserer kognitiven Ressourcen beansprucht bzw. gebunden.* Dieser Umstand hat eine negative Wirkung auf unseren Interaktionspartner, der sich uns dadurch nicht nah fühlt, uns weniger gern mag.
- *In den meisten Situationen ist die Neubewertung die effektivere Regulationsstrategie.* Dies schließt aber nicht aus, dass in Abhängigkeit von der Person, der Situation und der Stärke des emotionalen Zustands manchmal die Neubewertung die inadäquate Strategie ist.

> Die Fähigkeit der emotionalen Kontrolle zeigt sich darin, dass man in stressigen privaten und beruflichen Situationen gelassener bleibt, nicht aus Enttäuschung heraus unüberlegte Dinge sagt, sich selbst beherrschen und auf diese Weise professionelle Distanz wahren kann.

Wie bereits zu Beginn des Studienbuchs angedeutet, wurden Emotionen vor langer Zeit totgesagt. Erst seit der zweiten Hälfte des 20. Jahrhunderts gilt für den modernen Menschen das Zeigen von Emotionen wieder als gesellschaftsfähig und zuvörderst in den 1990er-Jahren begannen die Wissenschaften, die Emotionen wiederzuentdecken (vgl. Evans, 2013, S. 9). Wurde bis dahin die Welt durch die um das Jahr 1700 einsetzende Aufklärung (als Epoche der Vernunft) mehr und mehr vom rationalen Denken und dem „Rationalitätsimperativ einer technikgläubigen Kultur" (Senge, 2013, S. 11) geprägt, zeigt der moderne Mensch erst im sogenannten therapeutischen Zeitalter wieder Emotionen (vgl. Frevert, 2011, S. 10).

Um diese für Sie vielleicht überraschende Aussage, dass es eine Renaissance der Emotionen gibt, die auch als *„emotional turn"* bezeichnet wird, nachvollziehen zu können, werden im Weiteren nur einige wenige wichtige Wurzeln aufgezeigt, die für das Verständnis (der Wiederentdeckung) von Emotionen nützlich sind. Warum sind Emotionen heute wieder wichtig? Es lohnt sich, hier Konstanze Senge (2013) ausführlicher zu Wort kommen zu lassen:

> „Wie ist es also zu erklären, dass die Rationalisierung von Welt, eine zunehmende Planung und Berechnung individueller Lebensverläufe, die Herauslösung des Individuums aus sozialen Schicht- und Klassenlagen sowie die Abkehr von religiösen Sinnzusammenhängen in westlich orientierten Gesellschaften historisch mit einer gesteigerten Besinnung auf individuelle Gefühle einhergeht? Sind Gefühle quasi der Kern unserer Individualität, auf die wir zurückgeworfen werden, wenn, zwar nicht alle, aber doch wesentliche Orientierungspunkte und Normierungsprämissen an Verbindlichkeit verloren haben? Oder sind Gefühle die letzte Bastion menschlicher Freiheit, die es nun zu bändigen und zu rationalisieren gilt? (…) Kann es sein, dass wir geschichtsvergessene Kulturmenschen nur fälschlicherweise einen Widerspruch von Emotionalität und Rationalisierung unterstellen und die Erscheinungen der romantischen Tradition, die sich über die Jahrhunderte in Bewegungen wie dem Expressionismus, der Art Nouveau, der Jugendbewegung, dem Naturismus gemeinsam mit einer zunehmenden Rationalisierung als ambivalentes Zwillingspaar entwickelten, welches das moderne Subjekt von seinen auferlegten Fesseln zu emanzipieren strebten, nicht zu sehen geneigt waren?" (Senge, 2013, S. 11 f.).

1.2 Die Wiederentdeckung der Emotionen

Emotionen hatten lange Zeit als Erbe der griechisch-römischen Philosophie (vor allem Platon 428/27–348/47 v. Chr.) einen schlechten Leumund. Es besteht die Vorstellung, dass Emotionen die rationale Beurteilung von Menschen und Situationen verhindern, ein Hindernis hinsichtlich des Erwerbs von Wissen darstellen und in der

Summe vernunftwidrig sind. In der Konsequenz sind Emotionen, die zu der damaligen Zeit als *affectus* oder *passiones* gefasst werden, zu zügeln, um moralisch korrektes Handeln ermöglichen zu können. In dieser Situation propagieren die Stoiker als eine weitere einflussreiche Philosophieschule der Antike die Kontrolle der Wahrnehmung von Emotionen durch Einsicht und Vernunft.

Aristoteles (384–322 v. Chr.) hingegen unterstreicht als einer der ersten bedeutenden Philosophen die Bedeutung von Emotionen für das Denken und Handeln. Für ihn sind Emotionen kognitiv vermittelt, liegen somit einer Beurteilung zugrunde und können auch unser Urteil verändern. Auf den Punkt gebracht: Emotionen basieren auf dem, was wir denken, führen zu Handlungen und passieren also nicht einfach so (vgl. Wassmann, 2002, S. 16 ff.)

Wir empfinden, verspüren und zeigen Emotionen, weil wir denken.

In den Konzepten von Emotionen im Mittelalter, also der Epoche zwischen dem Ende der Antike und dem Beginn der Neuzeit (und damit der Zeit zwischen dem 6. und 15. Jahrhundert), bestimmen die Theorie der menschlichen Natur und die christliche Psychologie das Denken. Die Gestimmtheiten der Menschen werden in den dominierenden humoralpathologischen Konzepten mit Humor, was zur damaligen Zeit zunächst „Flüssigkeit" bedeutet, charakterisiert.

DEFINITION 1.7:

Humoralpathologie ist die in der klassischen griechischen und römischen Medizin vertretene Lehre, nach der alle Krankheiten auf eine fehlerhafte Zusammensetzung der Körpersäfte zurückzuführen seien. Die Humoralpathologie beherrschte die Medizin Europas bis ins 19. Jahrhundert (vgl. Rißland, 2002, S. 17 f.).

In der Medizin des Mittelalters wird davon ausgegangen, dass jeder Mensch von Geburt an ein bestimmtes Temperament ausprägt und damit überwiegend als Sanguiniker, Phlegmatiker, Melancholiker oder Choleriker einzustufen ist. Hervorgerufen werden diese Unterschiede durch das Vorherrschen eines der vier Körpersäfte („humores“, also Blut, Schleim, gelbe Galle, schwarze Galle), die nicht nur den Stoffwechsel des menschlichen Organismus, sondern nach diesem Verständnis auch den Gemütszustand jedes Menschen regeln, je nachdem, welcher der vier Säfte überwiegt. Damit die Menschen diese Vorstellung auch umsetzen konnten, wurden erste Gesundheitsregeln (= Regimen sanitatis) verfasst. Diese waren nicht gottgegeben, sondern vielmehr von jedem einzelnen Menschen verantwortlich steuerbar und entscheidend für die Bewahrung der Gesundheit (vgl. Adamson, 2020):

- aer = gesunde Luft
- motus et quies = Auswirkung von Bewegung und Ruhe
- cibus et potus = Essen und Trinken
- somnus et vigilia = die Bedeutung von Schlafen und Wachen
- repletio et evacuatio = die Regulierung und Beobachtung der Füllung und Ausleitung der Körperausscheidungen wie Stuhl, Winde, Sperma, Menstruationsblut etc.
- accidentia animi = der förderliche bzw. schädliche Einfluss der sechs Emotionen Zorn (ira), Freude (gaudium s. laetitia), Angst (angustia), Furcht (timor), Traurigkeit (tristitia) und Scham (verecundia); der rechte Umgang mit sich selbst und mit seinesgleichen; die Rückwirkung emotionalen Geschehens auf die körperliche Befindlichkeit.

HINWEIS:

Die hippokratische Temperamentenlehre ist ein von der antiken Humoralpathologie abgeleiteter medizinischer Versuch zur Erklärung von Krankheiten, der auf den griechischen Arzt Hippokrates zurückgeht, der um 400 v. Chr. lebte. Am gesündesten ist ein Mensch, wenn die gegenseitige Mischung, Wirkung und Menge der vier Körpersäfte ausgewogen ist. 600 Jahre später dient diese sogenannte Vier-Säfte-Lehre als (heutzutage überholtes) Persönlichkeitsmodell, das Menschen nach ihrer Grundwesensart, ihren Persönlichkeitsstrukturen bzw. Temperamenten kategorisiert, bei denen sich bestimmte Emotionen zeigen (vgl. Leben & Lieben, o.J.):

Blut = Sanguiniker. Die Eigenschaften des sanguinischen Temperaments sind u.a. heiter, verspielt, fröhlich, gesprächig, beliebt, kontaktfreudig, optimistisch, gesellig.

Schleim = Phlegmatiker. Die Eigenschaften des phlegmatischen Temperaments sind u.a. passiv, anpassungsfähig, geduldig, vermittelnd, humorvoll, freundlich.

schwarze Gallenflüssigkeit = Melancholiker. Die Eigenschaften des melancholischen Temperaments sind traurig, nachdenklich, sensibel, bescheiden, tiefgründig usw.

gelbe Gallenflüssigkeit = Choleriker. Die Eigenschaften des cholerischen Temperaments sind beispielsweise aufbrausend, willensstark, selbstbewusst, hitzig, leicht erregbar, aktiv, dreist.

Im Mittelalter wird sich neben der Entwicklung der sogenannten Temperamentenlehre vornehmlich mit Emotionen beschäftigt, wie sie als Grundgefährdungen des Menschen in den sieben Hauptlastern (bzw. früher Todsünden nach der klassischen Theologie) zum Ausdruck kommen. Zu jener Zeit werden demzufolge Emotionen mit den selbstsüchtigen Begierden (Neid/Eifersucht, Maßlosigkeit, Habsucht, Wollust, Stolz, Trägheit, Zorn) verknüpft, sodass die höchsten Tugenden Liebe, Hoffnung und Glaube nicht unter Emotionen subsummiert, sondern als der Vernunft zugehörig betrachtet werden.

HINWEIS:

Die sieben Hauptsünden oder Todsünden, die in früheren Zeiten den Charakter eines Menschen prägten, sind (vgl. Ernst, 2014, S. 3 ff.):

- Neid/Eifersucht = der Wunsch, einen Gegenstand (oder eine Erfahrung) zu haben, den jemand anderes besitzt. Der Neid entspringt einer subjektiv falschen Eigenliebe und der objektiv ungleichen Verteilung von Gütern.
- Unmäßigkeit/Völlerei/Maßlosigkeit = der übermäßige, andauernde Verzehr von Speisen oder Getränken
- Habsucht/Gier = das übermäßige Streben nach materiellen Besitztümern

- Unkeuschheit/Wollust = eine unkontrollierbare Leidenschaft oder Sehnsucht, besonders nach sexuellen Begierden, die Trennung von Liebe und Eros
- Stolz/Hochmut = die übertriebene Selbstwahrnehmung und eigene Selbstdarstellung ohne Rücksicht auf andere
- Trägheit/Überdruss/Faulheit = die übermäßige Faulheit oder Unterlassung zu handeln (und seine Talente auszuschöpfen), auch geistige Lustlosigkeit
- Zorn/Wut = das unkontrollierbare Gefühl von Rache, Vergeltung und Hass gegenüber einer anderen Person, sogar von Vernichtungswillen.

Die sich ans Mittelalter anschließende frühneuzeitliche Diskussion über Emotionen (in der Zeit von ca. 1500 bis ca. 1800) wird maßgeblich vom französischen Philosophen René Descartes (1596–1650) geprägt. Im 1649 veröffentlichten Buch „Die Leidenschaft der Seele" geht Descartes davon aus, dass alles, was unsere Seele an Freude, Liebe, Traurigkeit, Verlangen, Erstaunen oder Hass erleidet, durch rein mechanisch wirkende körperliche Vorgänge und subjektive Sinneswahrnehmungen, Begierden und Überzeugungen abläuft. Descartes begreift Emotionen als sensitive Phänomene, mit denen das Nervensystem den Geist versorgt, der wiederum durch die Ausbildung von gedanklichen Gewohnheiten eine absolute Macht über Emotionen erlangen kann.

Mit der Auffassung, dass das Gehirn als oberste Instanz den Körper steuert, und der Zweiteilung von Körper und Seele in getrennte Entitäten, die miteinander in Wechselwirkung stehen, wird zum ersten Mal die Vorstellung beschrieben, dass der menschliche Körper eine Maschine ist und wir in der Konsequenz möglichst genau wissen sollten, wie diese funktioniert. Bemerkenswert in diesem Kontext ist ferner die Vorstellung von Descartes, dass die wertvolle Hauptfunktion von Emotionen als geistig-seelische Zustände darin besteht, uns über unser Innerstes (= die Seele) zu informieren und damit uns über uns selbst sowie unseren Zustand etwas mitzuteilen. Auch wenn wir keine direkte Kontrolle über unsere Emotionen haben, so ist es unsere Aufgabe, die Meisterschaft über die Emotionen zu erlangen. Descartes betont zudem, dass dasselbe Ereignis bei jedem Menschen nicht die gleiche emotionale Reaktion auslöst (vgl. Wassmann, 2002, S. 21 ff.).

Das Gehirn, das Nervensystem und die Gene haben Einfluss auf unsere Emotionen.

Zu Beginn des 18. Jahrhunderts - und damit in der Epoche der Aufklärung als dem Beginn der modernen Zeit - kommt es zu einer Neuausrichtung in der Philosophie der Emotionen. Im Zentrum steht die Frage (und Bedeutungserweiterung), welches Gewicht Emotionen für das moralische Handeln haben.

Für den einflussreichen englischen Philosophen David Hume (1711–1776) setzen sich die (angenehmen und unangenehmen) Emotionen aus der Wahrnehmung ihrer Empfindungen und dem Urteil zusammen. Emotionen als Sinneseindrücke sind die Essenz, die das moralische Handeln erst ermöglichen, und die Brücke zwischen Denken und Handeln. In diesem Zusammenhang betont Hume die Teilhabe und den Mitvollzug der Emotionen anderer Menschen, also dass sich Menschen - zumindest in Zeiten, in denen keine Not herrscht - nicht nur für das eigene Glück, sondern auch für das Wohlergehen anderer interessieren. Auf den Punkt gebracht: Die Fähigkeit zur moralischen Entscheidung und mithin die Unterscheidung zwischen guten und schlechten Handlungen verdanken wir unseren handlungswirksamen Emotionen und nicht dem Verstand (vgl. Wassmann, 2002, S. 25).

Eine neue Wendung nimmt die Diskussion über die in den Emotionen angelegte moralische Sensibilität durch Immanuel Kant (1724–1804). In seiner Schrift „Kritik der Urteilskraft" (1790) kommt Kant zum Schluss, dass Emotionen keine guten Ratgeberinnen für moralisches Handeln sind. Um nicht von der Sinnenwelt mit Begehren, Lust und Schmerz beherrscht zu werden, vertraut Kant auf die Vernunft und trennt diese strikt von unwichtigen, schlimmstenfalls schädlichen Emotionen (vgl. Wassmann, 2002, S. 25). Für Kant kann nur die reine Vernunft Fragen der Moral beantworten. Emotion und Verstand sind für ihn nicht miteinander vereinbar. Der Mensch habe rational zu denken und zu handeln, Emotionen seien nur zweitrangig. Als individuelles Testverfahren dient ihm der Kategorische Imperativ: „Handle nur nach derjenigen Maxime, von der du zugleich wollen kannst, dass sie allgemeines Gesetz werde."

Ziehen wir an dieser Stelle ein Zwischenfazit: Der schlaglichtartige Blick in die Emotionsgeschichte in der Philosophie, Medizin und Theologie von der Antike bis zur Aufklärung zeigt, dass der Mensch jahrhundertelang stolz auf seinen Verstand war und erfolgreich an einer Vergeistigung der Gefühle gearbeitet wurde. Im krassen Gegensatz hierzu steht jedoch, dass über einen langen Zeitraum der Körper in den humoralpathologischen Konzepten in enger Wechselwirkung mit seelisch-geistigen Prozessen gesehen und Emotionen auf organisch-physiologische Prozesse reduziert wurden. Mit der Berufung auf die Vernunft als universelle Urteilsinstanz und dem damit einhergehenden Verständnis, dass Emotionen verwirrend, störend oder sogar entbehrlich sind, beginnt das historische Zeitalter der Moderne und damit die Abgrenzung vom Alten als dem Veralteten und Vergangenen.

Das weitere Schicksal der Emotionen wird ab dem 20. Jahrhundert maßgeblich von der Soziologie und der Psychologie bestimmt, wobei sich Letztere am Ende des 19. Jahrhunderts von der Philosophie trennte und als Einzelwissenschaft verselbstständigte. Nichtsdestotrotz kam der entscheidende Impuls für die Entwicklung einer Emotionspsychologie nicht aus der Psychologie selbst, sondern mit Theodor Piderit aus der Medizin. Dazu später mehr.

Werfen wir nun einen Blick auf die soziologische Perspektive von Emotionen zu Beginn des 20. Jahrhunderts, die für das Herausbilden eines Emotionsverständnisses in der Sozialen Arbeit von großer Bedeutung ist. Mit der Bedeutung von Emotionen und den Zusammenhängen mit dem Zauberwort des 20. Jahrhunderts, der Rationalität, haben sich Soziologen seit jeher beschäftigt (vgl. im Überblick Gerhards, 1988; Flam, 2002). So ist schon Max Weber (1864–1920) in seinem Hauptwerk „Wirtschaft und Gesellschaft" (1919–1920/2006), aber auch in seinem Text „Die protestantische Ethik und der Geist des Kapitalismus" (1904–1905/1996), davon ausgegangen, dass die Menschen im Zuge der Rationalisierung, verstanden als Prozess der Vergesellschaftung, Modernisierung und Zivilisierung und dem Übergang von der Tradition zur Moderne, ihr affektuelles Handeln (als Synonym für Emotionen) zunehmend kontrollieren und ihr soziales Handeln der Rationalität unterwerfen müssen.

HINWEIS:

Karl Marx (1818–1883) hat in seinen aus dem Nachlass publizierten „Ökonomisch-philosophischen Manuskripten" (1844/1968) mit dem Begriff der entfremdeten Arbeit den Grundstein für die späteren ökonomischen Analysen im 20. Jahrhundert gelegt. Er beschreibt die entfremdete Arbeit, die durch die Moderne und den Kapitalismus entsteht, im Sinne eines Realitätsverlustes. In dessen Folge bildet sich das Phänomen einer emotionalen Taubheit, indem durch die entfremdete Arbeit die Menschen von ihrer Gemeinschaft und ihrem Selbst getrennt werden (vgl. Illouz, 2019).

Im kapitalistischen Wirtschaftssystem ist die Arbeit nach Marx in mehrfacher Hinsicht entfremdet: Erstens führt die entfremdete Arbeit im Akt der kapitalistischen Produktionsweise (= monotone, mechanische und subjektiv als sinnlos empfundene Tätigkeiten) dazu, dass die Arbeitenden „erst außer (…) der Arbeit bei sich und in der Arbeit außer sich" fühlen. Zweitens ist die Arbeit dadurch entfremdet, dass sie nicht der Befriedigung der Bedürfnisse der Arbeitenden dient, sondern einzig als sogenannte Handelsware ein Mittel zum Geldverdienen darstellt, um die eigenen Bedürfnisse außerhalb der Arbeit befriedigen zu können. Und drittens entfremdet die Arbeit den Menschen sein „menschliches Wesen" und führt zur Entfremdung des Menschen von anderen Menschen (vgl. Marx, 1844/1968).

Von sozialem Handeln wird laut Max Weber gesprochen, wenn die Handlung dem „gemeinten Sinn nach auf das Verhalten anderer bezogen wird und daran in seinem Ablauf orientiert ist" (Weber, 1919–1920/2006, S. 11 f.). Die Vorstellung, dass man soziales Handeln deutend verstehen und in seinem Ablauf wie auch in seinen Wirkungen erklären sollte (= Verstehende Soziologie), führt Weber weiter zur Aufstellung von vier idealtypischen, grundlegenden Typen des sozialen Handelns (vgl. Weber, 1919–1920/2006, S. 32 ff.):

- **Zweckrationales Handeln** als ein Handeln, bei dem Zweck, Mittel und Nebenfolgen rational für den Erfolg abgewogen werden
- **Wertrationales Handeln** als ein Handeln nach ethischen, ästhetischen oder religiösen Forderungen und Geboten, ohne dabei Rücksicht auf die vorauszusehenden Folgen des Handelns zu nehmen
- **Traditionales Handeln** als ein Handeln durch eingelebte Gewohnheiten und nach Routinen

- **Affektuelles bzw. emotionales Handeln** als ein Handeln infolge der Wahrnehmung einer aktuellen Emotion als Reaktion auf einen Reiz ohne Reflexion

DEFINITION 1.8:

Emotionen werden nach Max Weber (1919–1920/2006, S. 32 f.) „durch aktuelle Affekte und Gefühlslagen [motiviert, Anmerkung des Autors]. Affektuell handelt, wer sein Bedürfnis nach aktueller Rache, aktuellem Genuß, aktueller Hingabe, aktueller kontemplativer Seligkeit oder nach Abreaktion aktueller Affekte (gleichviel wie massiver oder wie sublimer Art) befriedigt."

Für Weber ist die „Leidenschaft die Hebamme der Rationalität." Sie hat als intensive, dauerhafte, zwingende und konstruktive Emotion „die Fähigkeit, das Individuum aufs Ziel zu richten und ihm dabei zu helfen, bei diesem Ziel zu bleiben, egal welche Hindernisse und Schwierigkeiten es dabei bewältigen" muss (Flam, 2002, S. 11).

Das strikt emotionale Sich-Verhalten stellt für Weber (1919–1920/2006, S. 32) „ein hemmungsloses Reagieren auf einen außeralltäglichen Reiz dar." Eine solche direkte Entladung der Emotionslage als Folge der einzig durch einen Stimulus ausgelösten, unkontrollierten Reaktion steht für Max Weber an der Grenze zu bewusstem, sinnhaftem Handeln (vgl. Gerhards, 1988, S. 26). Analog zu dieser Vorstellung von Emotionalität kommt Weber in seiner Analyse der religiösen Entwicklungsbedingungen der Moderne und damit zugleich der Frage nach den Ursachen, Erscheinungsformen und Auswirkungen des Kapitalismus zum Ergebnis, dass das rationale Weltbild die Unterdrückung von Emotionen mittels Selbstkontrolle und Rationalität verlangt.

Die von Weber formulierte Analyse des Einflusses von gesellschaftlichen Entwicklungen hatte weitreichende Auswirkungen auf das weitere Schicksal der Emotionen (vgl. Kalberg, 2013, S. 368): Die Emotionen, die Weber in seiner Protestantischen Ethik als „impulsiv, ablenkend, desorganisierend, nicht steuerungsfähig" (Flam, 2002, S. 49) versteht, wurden in der Folge aus dem Alltagshandeln in der modernen, kapitalistischen Gesellschaft weitestgehend vertrieben. Zugleich hat diese historisch-vergleichende Betrachtungsweise offengelegt, dass „Emotionen kulturell moduliert, unterdrückt und gefördert werden" (Gerhards, 1988, S. 32).

HINWEIS:

Für Max Weber ist die „Selbstkontrolle der inneren Affekte und Bedürfnisse (...) das notwendige Komplement zu einer rationalen Weltkonstruktion nach außen. (...) Der asketische Protestantismus bedeutet in dieser Form eine Neukodierung von Emotionen: Affektive Sinnorientierungen werden als triebhaft-sündhaft interpretiert und müssen zugunsten einer zweckrationalen Weltschaffung unterdrückt und sublimiert werden. Ein so konstruiertes Weltbild läßt sich als Überwindungsformel einer durch die Prädestinationslehre aufgebauten Angst vor der Ungewißheit der eigenen Bestimmung interpretieren. Erst durch eine solche Kodierung von Emotionen wird der Weg zur Ausbildung der Moderne geebnet." (Gerhards, 1988, S. 31)

Mit Emile Durkheim (1858–1917) und Georg Simmel (1858–1918) haben sich zwei weitere europäische soziologische Klassiker in ihren Texten mit dem Verhältnis von Emotionen und Sozialem beschäftigt (vgl. im Überblick Pettenkofer, 2013; Schützeichel, 2013). Es ist hier nicht der Platz, deren Sicht auf Emotionen umfassend zu rekonstruieren; für unsere Belange ist allein Folgendes von Wichtigkeit:

Für Durkheim sind der Bestand und der Zusammenhalt einer Gesellschaft eng mit einem nicht-egoistischen, solidarischen Handeln ihrer Mitglieder verwoben. Ein solidarisches Handeln ist erst dann zu erwarten, wenn sich die Menschen „lieben" und „aneinander und an ein und derselben Gesellschaft hängen, an der sie teilhaben" (Durkheim, 1996, S. 173). Ausgangspunkt hierfür ist die Überzeugung, dass Menschen erst in einer Gemeinschaft zusammenleben können, wenn sie am Wohl anderer Individuen und dem der Gesellschaft interessiert sind. Erst die emotionale „Verbundenheit der Mitglieder untereinander gibt der Gemeinschaft die moralische Kraft, denn erst die emotionale Besetzung garantiert eine Stabilisierung der gesellschaftlichen Werte" (Gerhards, 1988, S. 40).

In dem Werk „Über soziale Arbeitsteilung" (1983/1996) zeigt Durkheim den Wandel von einer nicht-arbeitsteiligen zu einer arbeitsteiligen, modernen Gesellschaft auf. Deutlich wird, dass diese Entwicklung erhebliche Auswirkungen auf die Beziehungen zwischen den Individuen und ihren emotionalen Bindungen nach sich gezogen hat – und damit zugleich auf das Herstellen eines erforderlichen Solidaritätsgefühls bzw. kollektiven Bewusstseins. Existierte in der nicht-arbeitsteiligen

Gesellschaft eine sogenannte mechanische Solidarität, die sich in von allen geteilten emotionalen, altruistisch geformten Kollektivempfindungen ausdrückte, ist in der arbeitsteiligen Gesellschaft das Entstehen von organischer Stabilität voraussetzungsvoll, da die Individuen „zu gleicher Zeit persönlicher und solidarischer" (Durkheim, 1996, S. 82) werden müssen, um solidarische Interaktionsformen auszubilden.

> „Zum einen muß jeder, der sich auf die arbeitsteilige Produktion einlässt, aus einem Gefühl wechselseitiger Abhängigkeit das Motiv dafür beziehen, sich auf die Bereitstellung der ihm zugemessenen Leistungen einzulassen, welche die übrigen Mitakteure benötigen, um die ihren zu erbringen. Und zum anderen muß die Verteilung der unter Arbeitsteilungsbedingungen hergestellten Erträge gerecht erfolgen." (Schmid, 1998, S. 93 f.)

Der hier im Raume stehende Verdienst von Durkheim besteht darin, aufzuzeigen, dass über die Arbeitsteilung (neben der sozialen Ordnung) innerhalb einer Gesellschaft über ein Bündel von Emotionen (Liebe, Wut etc.) eine emotionale Bindung bzw. ein stark emotionalisiertes Kollektivbewusstsein zwischen den Mitgliedern einer arbeitsteiligen Gruppe entsteht. Diese emotionale Bindung beruht auf der wechselseitigen Abhängigkeit der Beteiligten und schafft ein Gefühl der Identifikation nach innen und der sozialen Solidarität (vgl. Baurmann, 1999, S. 90).

BEISPIEL 1.3:

Wenn die allgemeinen kollektiven Gefühle einer Gesellschaft durch ein Verbrechen verletzt und angegriffen werden, ruft dies bei Gesellschaftsmitgliedern eine starke emotionale Reaktion wie Wut hervor. Mit dieser Reaktion wird an die emotionalen und kollektiven Kräfte der anderen Mitglieder appelliert und auf diesem Wege versucht, diese zu animieren, sich auch gegen diesen Angriff zu wehren. Durch den Emotionsaustausch verstärken sich die ähnlichen Emotionen gegenseitig und es entsteht eine heftige Reaktion: Nichts Geringeres als Strafe und/oder Sühne wird verlangt (vgl. Durkheim, 1996, S. 149 f.)

Als weiterer europäischer Klassiker der Soziologie und der Emotionen erarbeitete Georg Simmel zahlreiche Studien, die sich mit Emotionen befassen. Mit dem Aufsatz „Die Großstädte und das Geistesleben“ (1903/2006) wurde Simmel nicht nur zum Begründer der Stadtsoziologie, sondern leistete damit zugleich einen wichtigen Beitrag zur Emotionsforschung des Großstadtlebens. Das Leben in der Großstadt ist für Simmel immer auch emotionales Erleben der Großstadt, geformt im Wechselspiel mit ihrer Größe, ihrer Vielfalt und Heterogenität und gekennzeichnet durch den Typus des blasierten, reservierten, von Kälte und Gleichgültigkeit gekennzeichneten Großstadtmenschens.

Simmel vertritt die Auffassung, dass Emotionen Bindemittel für die Gesellschaft und somit höchst bedeutsam für die Genese, Dynamik und Reproduktion sozialer Beziehungen sind. Kurzum: Emotionen leisten als Konstruktionsform sozialer Wirklichkeit eine spezifische Art der Weltkonstruktion. Simmel (1906, S. 51), der Emotionen wie Scham, Dankbarkeit, Hass, Treue oder Taktgefühl besondere Aufmerksamkeit gewidmet hat, unterscheidet zwischen primären und sekundären Emotionen: Primäre Emotionen konstituieren Wechselwirkungen und führen zur Bildung von Wechselwirkungen (z. B. Liebe), während sekundäre Emotionen das Resultat vorangegangener Wechselwirkungen sind (wie der Hass, die Scham). Auf den Punkt gebracht lässt sich das Emotionskonzept von Georg Simmel so formulieren: Die bindende oder kontrollierende Kraft der Emotionen resultiert „aus der Differenz von Wünschen und Zuständen. (…) Emotionen übersetzen soziale Formen in das psychische Leben – und umgekehrt“ (Schützeichel, 2013, S. 330).

Ein weiterer Soziologe, in dessen Œuvre Emotionen eine größere Rolle spielen, ist Erving Goffman (1922–1982). Für Goffman sind Emotionen sinnhafte Ausdrucksmittel des kommunikativen Handelns innerhalb von Situationen und insofern ein wesentlicher Bestandteil interaktiver Abläufe (vgl. Knoblauch; Herbrik, 2013, S. 142). In seinem Buch „Wir alle spielen Theater. Die Selbstdarstellung im Alltag“ (1959/2013) rekonstruiert Goffman die Struktur und die Eigenheiten der zwischenmenschlichen Interaktion und arbeitet heraus, dass das menschliche Handeln von der Inszenierung und den persönlichen Beziehungen abhängt.

Goffman vergleicht die zwischenmenschliche Interaktion mit dem Theater; auf diesem Wege wird die soziale Welt zu einer Bühne. Jeder Mensch spielt in der Interaktion mit seinem Gegenüber eine soziale Rolle, die er hinter der Bühne als einen Ort, der den restlichen Interaktionsteilnehmenden nicht zugänglich ist, eingeübt hat. Präsentiert wird sie dann auf der Vorderbühne. Nach Goffman hat jeder Mensch verschiedene Rollen, die er in verschiedenen Interaktionssituationen anwendet. Für die Darstellung seiner Rolle hat jeder Mensch zwei Ausdrücke zur Verfügung: den Ausdruck, den er sich selbst gibt (z. B. über Sprache), und der Ausdruck, den er ausstrahlt (über Emotionen, Mimik, Gestik, Verhalten usw.). Vor diesem Hintergrund bemüht sich jede handelnde Person in Interaktionen darum, anderen (ggf. auch per Ausdruckskontrolle oder unwahren Darstellungen) einen bestimmten Eindruck von sich (= ihrem Selbst) zu erzeugen, von dem angenommen wird, dass dieser von ihr erwartet wird oder förderlich ist (= surface acting; vgl. Kap. 1.1).

In Situationen, in denen eine Kluft zwischen dem von der handelnden Person entworfenen Eindruck und dem, was tatsächlich geschieht, entsteht (und die Interaktion scheitert), macht sich Peinlichkeit (bzw. Scham) bemerkbar, die sich in subjektiv wahrnehmbaren Symptomen wie Muskelspannung oder Mundtrockenheit und/ oder intersubjektiv beobachtbaren Anzeichen – z. B. Erröten, Zittern – ausdrücken kann (vgl. Koblauch; Herbrik, 2013, S. 142).

Nachdem die Rolle und die Fragestellungen einer Soziologie von Emotionen und damit die emotionale Konstruktion sozialer Wirklichkeit bruchstückhaft beleuchtet wurden, setzen wir nun die Darlegung der historischen Entwicklungslinien der Emotionspsychologie fort, die (wie die Soziologie der Emotionen) für das heutige Emotionsverständnis nützlich ist und vielfältige Überlegungen bzw. Ansatzpunkte für die Emotionsarbeit in der Sozialen Arbeit liefert (vgl. Kap. 2).

Theodor Piderit (1826–1912), ein Arzt aus Detmold, analysierte in der Abhandlung zum „Wissenschaftlichen System der Mimik und Physiognomik" (1876) die Ausdruckserscheinungen des menschlichen Gesichts und lieferte damit erste wichtige Erkenntnisse zu bis heute relevanten Fragen der Emotionsforschung: Wie kann aus der Mimik von Personen etwas über ihr Inneres erschlossen werden? Was verrät das Mienenspiel über die Befindlichkeit einer Person? Inwieweit lassen sich in den Gesichtszügen Charaktereigenschaften und sonstige Persönlichkeitsdispositionen kulturübergreifend ablesen?

Piderit vertrat die Auffassung, dass sich Emotionen in der Mimik eines Menschen zeigen. Weiterhin ging er davon aus, dass der mimische Emotionsausdruck universell ist (vgl. Schmidt-Atzert, 1996, S. 13 f.). Ungefähr zur gleichen Zeit führte Charles Darwin (1809–1882) seine Untersuchung des Emotionsausdrucks bei Menschen und Tieren durch, deren Ergebnisse im Jahre 1872 im Buch „Der Ausdruck der Gemüthsbewegungen bei dem Menschen und den Thieren" veröffentlicht wurden. Aus seinen umfangreichen Studien schlussfolgerte Darwin, dass sich Emotionen als ein vererbtes Signalsystem in verschiedenen Kulturen (und als Hilfen im Kampf ums Dasein) nicht einzig im gleichen mimischen Ausdruck zeigen, sondern zusätzlich auch in typischen Verhaltensweisen (z. B. Schreien und Herumwälzen bei Wut) und körperlichen Veränderungen (etwa schnellere Atmung; vgl. Schmidt-Atzert, 1996, S. 14 ff.).

Wir können Emotionen erkennen, weil es in unseren Genen steckt.

Mit den physiologischen Veränderungen von Emotionen beschäftigte sich auch der amerikanische Psychologe und Philosoph William James (1842–1910) als ein weiterer einflussreicher Wegbereiter der Emotionspsychologie. James geht davon aus, dass für die Entstehung von Emotionen das Wahrnehmen der körperlichen Erregungsprozesse bzw. Veränderungen entscheidend ist (vgl. Wassmann, 2002, S. 25 f.).

Wir empfinden Emotionen, weil unser Körper etwas spürt und mit körperlichen Veränderungen reagiert.

So gibt es Situationen, bei denen eine körperliche Situation ausgelöst wird, bevor sich die Emotion im Ganzen einstellt (vgl. Lelord; André, 2008, S. 16).

BEISPIEL 1.4:

Wir glauben, dass wir zittern, weil wir Angst haben. Es ist aber nach William James genau umgekehrt: Wenn wir spüren, dass wir zittern, bekommen wir Angst.

Ein weiterer Meilenstein in der Erforschung von Emotionen ist mit dem Namen Wilhelm Wundt (1832–1920) verknüpft (vgl. Kap. 1.1). Nach seinem Verständnis ist der Gegenstand der Psychologie die empirische Analyse subjektiver Erfahrungen; darunter subsummiert spielen Emotionen eine zentrale Rolle (vgl. Schmidt-Atzert, 1996,

S. 16 f.). Wundt legte als erster Psychologe eine Systematik der Emotionen anhand verschiedener bipolarer Dimensionen vor. Die Hauptgegensätze der Gefühlsqualität sind: Lust vs. Unlust, Erregung vs. Beruhigung und Spannung vs. Lösung. Freude ist z. B. durch Lustgefühle und Traurigkeit durch Unlustgefühle gekennzeichnet.

Während des 20. Jahrhunderts gerieten die Emotionen zunächst für einen längeren Zeitraum weitestgehend aus dem Blickfeld und Interesse der Psychologie. Anfang 1940 entwickelte dann der Psychologe Abraham Maslow (1908–1970) ein hierarchisches Konzept menschlicher Bedürfnisse, wobei die Bedürfnisse einer höheren Ebene erst dann aufgerufen werden, wenn die darunter befindlichen, grundlegenderen Bedürfnisse befriedigt sind. Mithilfe dieser Bedürfnishierarchie kann zugleich die Motivation eines Individuums für sein Handeln in groben Zügen erklärt werden (vgl. Zimbardo et al., 2016, S. 504 ff.). Es zeigt sich, dass Emotionen für ein zufriedenes, ausgeglichenes Leben höchst bedeutsam sind. So leisten Emotionen u. a. einen wichtigen Beitrag zur Befriedigung der Bedürfnisse nach Liebe, Zuneigung, Zugehörigkeit oder zur Befriedigung der Wertschätzung.

ÜBUNG 1.4:

Suchen Sie im Internet nach dem Stichwort „Bedürfnishierarchie nach Maslow“. Welche Stufen beinhaltet die auch als Maslowsche Pyramide bezeichnete Bedürfnishierarchie?

Mit dem Aufkommen der behavioristischen Sichtweise mit ihren Hauptvertretern John B. Watson (1878–1958) und Burrhus F. Skinner (1904–1990) veränderte sich das Gesicht der Psychologie einschneidend und es dominierte die Idee, dass die Psychologie beschränkt werden sollte „auf die Untersuchung beobachtbaren Verhaltens und die Reize aus der Umwelt, die das Verhalten formen“ (Zimbardo et al., 2016, S. 23).

Halten wir fest: Einzig das Verhalten, das zuverlässig beobachtet und gemessen werden konnte, war von Interesse. Die Emotionen einer Person hingegen sind für die Behavioristen irrelevant. Dies führt in letzter Konsequenz dazu, dass die Haltung gegenüber Emotionen in der Wissenschaft nahezu ausschließlich – wie Sie in Kenntnis der bisherigen Ausführungen wissen – vom Ethos der Rationalität geprägt ist.

Erst mit dem in den 1960er-Jahren vollzogenen Wechsel der vorherrschenden behavioristischen zur kognitiven Sichtweise in der Psychologie und maßgeblich forciert durch die sogenannte „Kognitions-Emotions-Debatte" wenden sich Wissenschaftler wieder verstärkt der Erforschung der Emotionen zu.

HINWEIS:
Kognitionen sind nicht einzig beteiligt am Lösen von Problemen, sondern überall dort, wo in irgendeiner Weise Informationen verarbeitet werden – also bei der Wahrnehmung, beim Gedächtnis, beim Lernen, bei der Aufmerksamkeit, beim Verstehen und Produzieren von Sprache (vgl. Kochinka, 2004, S. 91).

Auslöser für diese kognitive Wende in der Wissenschaft ist die in den 1980er-Jahren aufkommende Kontroverse um den Zusammenhang zwischen Kognition und Emotionen, die von Richard Lazarus (1922–2002) und Robert Zajonc (1923–2008) initiiert wurde. Wurden beide Konzepte – also das Denken und das Fühlen – lange Zeit getrennt betrachtet, geht Lazarus davon aus, dass unsere kognitiven Einschätzungen, Bewertungen und (bewussten) Urteile über eine Situation, die auch auf Erinnerungen (die als emotional bewegende Ereignisse im Gedächtnis geblieben sind) oder Überzeugungen basieren können, immer den Emotionen vorausgehen. Diesem Primat der Kognition folgend hängt das Entstehen einer Emotion auf einen Reiz davon ab, wie dieser eingeschätzt, bewertet oder interpretiert wird:

- „Ereignisbewertung: Erfüllt oder frustriert das auslösende Ereignis die Wünsche der Person, ist es positiv (wunschkongruent) oder negativ (wunschinkongruent)?
- Ereigniswahrscheinlichkeit: Ist das auslösende Ereignis bereits sicher oder bloß möglich oder wahrscheinlich?
- Erwartetheit: Ist das auslösende Ereignis erwartet oder unerwartet?
- Verantwortlichkeit: Ist jemand für das Ergebnis verantwortlich, und wenn ja, wer? Man selbst oder jemand anderer?"

(Junge; Reisenzein, 2018, S. 72 f.)

All dies wird von Robert Zajonc nicht negiert, jedoch vertritt er die Auffassung, dass Emotionen auch ganz ohne Kognitionen auftreten können und der Mensch ein primäres emotionales Bewertungssystem besitzt, das von kognitiven Prozessen unabhängig ist.

DEFINITION 1.9:

Vom Standpunkt der modernen kognitiven Sichtweise aus sind die Gedanken, Emotionen und Handlungen eines Menschen als rationales Wesen das Ergebnis des kognitiven Musters der Wahrnehmung und Deutung seiner Erfahrungen. Der Mensch handelt kontrolliert aufgrund seiner Überzeugungen, Wahrnehmungen, Erwartungen, Interpretationen und Erinnerungen und nicht kraft der subjektiven Emotionen (vgl. Zimbardo et al., 2016, S. 21).

Aus heutiger Perspektive scheint die Kognitions-Emotions-Debatte in den 1980er-Jahren vornehmlich eine Debatte um Definitionen gewesen zu sein. Der Grund für diese Einschätzung ist eng verknüpft mit der fortschreitenden Entwicklung des Computers und den damit verbundenen Fortschritten bei den bildgebenden Verfahren. Wurden zuvor die Emotionen hauptsächlich untersucht, indem Versuchspersonen befragt und ihre körperlichen Reaktionen (wie Gesichtsausdruck, Herzschlag, Atemfrequenz) überwacht wurden, ist es nun mit neuen Zugängen wie der funktionellen Magnetresonanztomografie möglich, das Gehirn und speziell seine Funktionsweise in Aktion zu betrachten, wenn bei Probanden etwa durch das Zeigen von fröhlichen bzw. traurigen Gesichtern oder dem Vorspielen gruseliger Filmszenen Emotionen geweckt werden und dabei beobachtet wird, welche unterschiedlichen mentalen Prozesse sich abspielen.

HINWEIS: NEUROPHYSIOLOGISCHE GRUNDLAGEN EMOTIONALER VERARBEITUNG

Sinnesorgane und sensorische Assoziationszentren unserer Großhirnrinde, insbesondere im Frontalbereich, nehmen Reize als emotional relevant wahr und definieren diese: „Zum einen externe Reize, die wir via Sinnesorgan aufnehmen, zum anderen Reize aus dem inneren Körpermilieu (z. B. Hunger) und Inhalte, die sich aus dem Gedächtnis speisen (beispielsweise die Erinnerung an ein Trauer auslösendes Verlusterlebnis). Als emotional relevant erkannte Reize werden nun von der Amygdala (‚Mischpult der Gefühle') dergestalt verarbeitet, dass es zum Auslösen einer Emotion kommt. Unter Mitwirkung von basalem Vorderhirn, Hypothalamus (‚oberste Hormondrüse') und Hirnstammarealen kommt es zur ‚Ausführung emotionaler Programme'. (...) Hieraus resultiert ein ‚emotionaler Zustand', der sich unter anderem in Muskelentspannung, Motorik, Stimmklang, Mimik, Veränderung des inneren Milieus, Beeinflussung innerer Organe usw. manifestiert." (Hülshoff, 2012, S. 34)

Vorliegende Befunde aus der Neurowissenschaft der Emotion machen deutlich, dass „Emotionen keineswegs eine Bedrohung für die Vernunft darstellen, sondern vielmehr eine Grundvoraussetzung für rationales Denken und Entscheidungsfindungen zu sein scheinen" (Wassmann, 2002, S. 27). Pointiert formuliert: Emotion und Kognition sind keine Gegensätze; vielmehr fühlt das ganze Gehirn.

Emotionen und Kognition (oder Fühlen und Denken) sind nicht getrennt voneinander zu betrachten. (Gegebenenfalls untergründige) Emotionen begleiten unser vermeintlich rationales Denken wie auch unser Verhalten weitestgehend. Daraus folgt, dass Emotionen bei der Wahrnehmung und Entscheidungsfindung, beim Einschätzen von Risiken und auch beim Problemlösen eine wichtige Rolle spielen. Dies schließt aber nicht aus, dass Emotionen auch ohne bewusste Kognitionen, aber auch ohne sichtbare äußere Anzeichen auftreten können.

An dieser Stelle beenden wir unseren holzschnittartigen Rückblick in die Geschichte der Emotionen bzw. den Überblick über wichtige Befunde aus der Emotionsforschung und widmen uns der Bedeutung von Emotionen in unserem Alltag.

1.3 Überall Emotionen … und wie sie unseren Alltag bestimmen

Emotionen sind heutzutage also erneut im Gespräch: Das persönliche Leben, das Verfolgen emotionaler Lebensprojekte und die emotionale Erfüllung für das Selbst sind für viele Menschen zum beherrschenden Gedanken und zu einem zentralen Ziel geworden. Mit dem Aufstieg des „Homo Sentimentalis" im 21. Jahrhundert – so die Emotionssoziologin Eva Illouz (2007) – sind die Emotionen wieder ins Zentrum des gesellschaftlichen Lebens gerückt. Im Sog dieser Entwicklung ist ein Emotionsboom erwachsen, der sich in Phänomenen wie Selbstbestimmung, Achtsamkeit, Gefühlsarbeit, der Förderung emotionaler Kompetenz, der Einrichtung des Schulfachs „Glück", der Subjektivierung von Arbeit als Ausdruck der Veränderungen in der Arbeitswelt, der Entdeckung psychischen Leidens (etwa Burnout) oder in der Kommerzialisierung von Emotionen als Ware ausdrückt. Darüber hinaus manifestiert sich diese Intensivierung des Emotionslebens in vielfältiger Weise:

> „Das Privatleben zum Beispiel ist auf das Verfolgen emotionaler Projekte ausgerichtet – ob nun darauf, eine ‚romantische Liebe' zu erleben, eine ‚Depression zu überwinden', seinen ‚inneren Frieden zu finden' oder ‚ein mitfühlender Mensch zu werden'. Auch gelten Handlungen, die auf reinen Gefühlen gründen, zunehmend als legitim – etwa, wenn man eine Karriere oder eine Ehe beendet, weil sie emotional unbefriedigend ist. Emotionale Zielsetzungen wie Gefühlsintensität, gefühlsmäßige Klarheit oder ein inniges Gleichgewicht wiederum werden um ihrer selbst willen verfolgt." (Illouz, 2018, S. 20)

Emotionen, die wir fühlen, die wir aber nicht wie äußere Gegenstände berühren und anfassen können, und für die wir ein Emotionsvokabular haben, mit denen wir mit sprachlichen Angaben unsere emotionalen Zustände bezeichnen können, strukturieren unsere soziale Wirklichkeit und sozialen Zusammenhänge. Emotionen sind aber auch das Ergebnis sozialer Konstellationen (vgl. Gerhards, 1988, S. 11 ff.).

Beispiele dafür, dass soziale Sinnzusammenhänge spezifische Emotionen auslösen können, sind, wenn wir uns über erhaltene Geschenke freuen, uns über diejenigen ärgern, die uns die Vorfahrt nehmen, oder traurig sind wegen des Verlustes eines Menschen oder wenn wir eine Enttäuschung erlebt haben.

Aber können wir das, was andere und auch wir selbst fühlen, genau erkennen, als eine bestimmte erlebte Emotion identifizieren und in Worte fassen, wie stark sie genau ausgeprägt ist, sodass andere Personen sie verstehen? Die Erforschung dieser und weiterer Fragen hat (wie bereits beschrieben) zu teilweise widersprüchlichen Antworten geführt und höchst unterschiedliche Sichtweisen und Theorien zum Phänomen der Emotionen hervorgebracht (vgl. Gebauer et al., 2017).

Emotionen zu haben ist charakteristisch für uns Menschen – und wir können uns nicht entscheiden, keine Emotionen mehr zu haben. In dieser Situation behaupten manche von sich, dass sie besser darin sind, Dinge zu fühlen, als sie zu verstehen. Vermögen Emotionen also den Verstand zu schlagen oder sind Emotionen nicht vielmehr eher Verbündete der Vernunft? Letzteres bedeutet, dass unser Denken und Tun vom engen Zusammenwirken von Emotionen und Kognitionen bestimmt werden und uns aus diesem Zusammenspiel ermöglicht wird zu wissen, wann wir unseren Emotionen oder den Emotionen anderer nachgeben sollten oder nicht. Die Fähigkeit, Emotionen über sich selbst und andere Personen auszudrücken, wahrzunehmen, zu verstehen, zu regulieren (= Emotionsregulation; vgl. Kap. 1.1) und in der Folge kognitiver Operationen nutzbar zu machen, wird als emotionale Kompetenz bezeichnet und ist eine spezifische Facette der sozialen Kompetenzen.

DEFINITION 1.10:

Soziale Kompetenzen sind die Gesamtheit des Wissens, der Fähigkeiten und Fertigkeiten einer Person, die die Qualität ihres eigenen sozial kompetenten Verhaltens fördern. Darunter subsummiert ist die emotionale Kompetenz, deren zentrale Komponenten das Verständnis von eigenen und fremden Emotionen (auch Empathiefähigkeit) und die Regulation dieser (ggf. belastenden oder sozial problematischen) Zustände ist (vgl. Kanning, 2005, S. 4; Klinkhammer; von Salisch, 2015, S. 33 ff.).

Vielleicht haben Sie von jemandem wiederholt gehört oder sagen es von sich selbst, dass sich Emotionen besser im Kopf halten als Wissen. Die meisten von Ihnen werden bereits am eigenen Leibe erfahren haben, dass Emotionen die Wirksamkeit einer Handlung, Aktivität etc. verhindert oder aber unterstützt haben. Emotionen beeinflussen unser Verhalten im Privaten, im Beruf, in der Wissenschaft, kurzum überall, und sind der Kern dessen, was das Leben lebenswert macht. Im Umkehrschluss führt dies zur Frage, ob ohne Emotionen unser Leben nicht bedeutungslos, ohne Perspektive wäre?

> ! Wir empfinden/verspüren und zeigen Emotionen, weil sie ein Teil unserer Kultur und unseres jeweiligen sozialen Umfelds sind.

Beleuchten wir an dieser Stelle die Macht der Emotionen, indem kursorisch aufgezeigt wird, wie ausgewählte Emotionen unser Denken und Handeln beeinflussen (können):

Liebe beinhaltet in all ihren Facetten Hingabe, Glücksgefühl, Intimität, Leidenschaft; sie stiftet Beziehungen, wird erfahren, verhandelt, von außen beobachtet, kommentiert, bewertet, gerahmt, geprägt und erlebt – in der klassischen Semantik ein Leben lang oder zumindest im Erleben, im Moment ist nichts wichtiger. *Verachtung* und *Hass* entscheiden auch entlang von krassen Freund-Feind-Dichotomien mit darüber, ob im Netz, auf der Straße, in Auseinandersetzungen zwischen Mehrheiten und Minderheiten sowie in politischen Debatten Hate Speech ausgeübt wird oder Menschen in den Krieg ziehen. *Neid* und *Eifersucht* vermögen die besten Freundschaften zu zerstören. Bei zu viel *Ärger*, *Wut*, *Zorn* und *Empörung* im Bauch verliert man leicht seine Souveränität und das eigentliche Ziel aus den Augen. *Sympathien* und *Antipathien* im Team können die Leistungsfähigkeit beeinflussen, *Zufriedenheits-* und *Glücksgefühle* können die Produktivität erhöhen. Durch *Humor* kann ein gutes Arbeitsklima erzeugt werden, und haben nicht diejenigen, die lachen, mehr vom Leben? Das Erkennen und das Ansprechen von *Schuld* und ggf. übernommenen Schuldgefühlen, sich seine Schuld einzugestehen, zu bereuen und wiedergutzumachen, können quälend sein, immer wieder auftauchen und als bleierne Last erlebt werden. *Schamgefühle* bringen uns dazu, uns den Blicken anderer zu entziehen, Intimität zu wahren, vermitteln uns, dass wir versagt haben und/oder uns eine Blöße gegeben haben – manchmal mit weitreichenden Folgen gerade auch in der Sozialen Arbeit (wie das nachstehende Beispiel 1.5 zeigt).

BEISPIEL 1.5:

„Ich, Daniel Blake" (2016) – ein filmisches Sozialdrama über den Kampf für die eigene Würde und Schamgefühle

Das britische Gesundheits- und Sozialhilfesystem, in dessen Labyrinth der Hauptprotagonist des Films, Daniel Blake, gerät, erscheint ihm wie ein arroganter Goliath, der es darauf abgesehen hat, ihn fortlaufend zu demütigen. Aber Daniel, der sein ganzes Arbeitsleben in die Sozialkasse einbezahlt hat und nun krank ist, ist nicht willens, sich von der Beschämung durch die Bürokratie des Sozialstaats und ihren Demütigungen kleinmachen zu lassen. Er kämpft unermüdlich gegen die Ungerechtigkeit des Systems und versucht vergeblich, seine Ansprüche auf Unterstützung durchzusetzen. Sein Stolz verbietet es ihm, das Angebot der Lebensmittelausgabe in Anspruch zu nehmen. Er wehrt sich gegen die soziale Angst vor gesellschaftlicher Degradierung und die vermeintliche soziale Bloßstellung bzw. Erniedrigung. Trotz seiner prekären Lage versucht Daniel Blake den Schein des funktionierenden Lebens aufrechtzuerhalten und versteckt schambehaftet seine Armut gegenüber Freunden und Nachbarn. Selbst bei der Trauerfeier für Daniel dominiert noch das Thema Armut: Ein sogenanntes Armenbegräbnis ist nur in der preisgünstigsten Zeit um 9 Uhr morgens möglich. Das von der Freundin Katie im Rahmen der Trauerfeier vorgelesene Schlussplädoyer von Daniel Blake, das er eigentlich bei einer Anhörung vor den Sozialbehörden vortragen wollte, fungiert nun als sein Testament:

„Ich bin weder ein Klient, ein Kunde, noch ein Leistungsempfänger. Ich bin kein Drückeberger, kein Schnorrer, kein Bettler und kein Dieb. Keine Sozialversicherungsnummer und kein Pünktchen auf dem Bildschirm. Ich habe meine Beiträge gezahlt. Niemals einen Penny zu wenig und darauf bin ich stolz. Ich werfe mich nicht vor anderen in den Dreck. Ich schaue meine Nachbarn an und helfe ihnen, wenn ich kann. Nach Almosen zu trachten, ist mir fremd. Ich heiße Daniel Blake. Ich bin ein Mensch und kein Hund. Als solcher verlange ich mein Recht. Ich verlange respektvollen Umgang. Ich, Daniel Blake, bin ein Bürger. Nicht mehr und nicht weniger." (Transkription der deutschen Synchronfassung; Maraval; Loach, 2016, 01:33:05 – 01:34:49)

An dieser Stelle lässt sich festhalten, dass Emotionen in vielen Bereichen eine grundlegende Rolle spielen und Emotionen zu haben zum Menschsein dazugehört (vgl. Wulf, 2014): Wer fühlt, der lebt!

Emotionen als mentaler Zustand helfen uns, die Welt besser zu verstehen und uns in ihr leichter zurechtzufinden. Sie sind bei unseren Entscheidungen das Zünglein an der Waage und bilden die Chemie bzw. den Klebstoff für unsere sozialen Beziehungen. Aber wir können uns nicht sicher sein, dass wir Emotionen bei uns selbst oder bei anderen immer korrekt erkennen und uns gegenseitig verstehen, wenn wir über Emotionen sprechen.

Emotionen sind so vielfältig und komplex wie das Leben an sich. Wird ein Tag oder eine Woche im Leben einer Person beschrieben, so stößt man auf viele Emotionen, die die Landkarte unseres geistigen und sozialen Lebens bezeichnen (vgl. Nussbaum, 2016, S. 12) und in der Konsequenz die Verquickung zwischen Emotionen und Sozialem in der Alltagswelt bzw. die soziale Konstitution von Emotionen dokumentieren (vgl. Gerhards, 1988, S. 12).

ÜBUNG 1.5:

Eine Möglichkeit, den Blick für Emotionen zu schärfen, besteht darin, ein Emotionstagebuch zu führen. In diesem persönlichen Tagebuch werden alle wahrgenommenen Emotionen und/oder emotionalen Herausforderungen regelmäßig (z. B. alle 30 Minuten, jede Stunde, jeden Tag) eingetragen: Welche Emotion beschreibt mich am besten? Ist diese Emotion an eine bestimmte Situation oder Person geknüpft? Gibt es für mich (k)eine rationale Erklärung für diese Emotion?

Fragen Sie sich: Welche Emotionen beschreiben am besten, was Sie beim bisherigen Lesen/Bearbeiten dieses Studienbuchs emotional wahrgenommen haben? Was hat Sie besonders beeindruckt, überrascht oder enttäuscht? Was wünschen Sie sich von der weiteren Auseinandersetzung mit der bunten Welt der Emotionen?

1.4 Die Macht von emotionalen Gemeinschaften

Emotionen haben aber nicht nur einen zentralen Platz in unserem Leben und vermögen unser Denken und Handeln zu beeinflussen, sondern prägen auch ganze Gesellschaften. In ihrem Buch „Mächtige Gefühle" (2020) begibt sich die Historikerin Ute Frevert auf die Spur von 20 Emotionen, die den Verlauf der deutschen Geschichte beeinflusst haben. Aufgebaut wie ein Lexikon, wird nachgezeichnet, welche Rolle Emotionen wie Freude, Angst, Hass, Scham oder Trauer in der deutschen Geschichte seit 1900 spielen.

In der Rekonstruktion der emotionalen Signaturen des 20. Jahrhunderts zeigt sich eindrucksvoll, dass Emotionen nicht nur Geschichte machen, sondern auch eine sich wandelnde Geschichte haben. So war Hass ein anerkannter Motor des Nationalsozialismus, doch in Demokratien gehört er zu den unerwünschten Emotionen, die weder salonfähig noch hinnehmbar sind. Aber auch umgekehrt haben Emotionen sich verändert: Stolz auf eine Fußballnationalmannschaft zu empfinden, wäre um 1900 niemandem eingefallen.

Wird der Blick auf die Weltpolitik gerichtet, muss nur die Bedeutung von Emotionen während der US-Präsidentschaft von Donald Trump in Erinnerung gerufen werden, in der das Spiel mit Emotionen als eine Erweiterung des klassischen Repertoires politischer Konfrontation in der Ignoranz gegenüber etablierten Normen der Verlässlichkeit, Glaubwürdigkeit und Berechenbarkeit variantenreicher denn je genutzt wurde (vgl. Havertz, 2016). Aber beurteilen Sie selbst, ob Sie diese Einschätzung eines gesellschaftlich-politisch inszenierten emotionalen Dauerfeuers als fake news oder real news verorten.

Unabhängig davon ist weithin beobachtbar, dass sich Emotionsäußerungen in der politischen Kommunikation – forciert durch eine von den sozialen Medien dominierten Öffentlichkeit – etabliert haben und heutzutage kein politischer Akteur als emotionslos erscheinen sollte/darf.

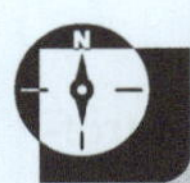

HINWEIS: POLITIK DER GEFÜHLE. ZUR ROLLE VON EMOTIONEN IN DER DEMOKRATIE

„Die demokratische Öffentlichkeit steht in einem geteilten Verhältnis zu Emotionen und Gefühlen in der Politik und im politischen Wettbewerb. Einerseits laufen Politiker/-innen Gefahr, aufgrund von Gefühlsäußerungen als ‚gefühlsduselig', irrational oder gar hysterisch zu erscheinen und nicht faktenbasiert zu argumentieren. Diese Skepsis gegenüber Emotionen gilt jedoch auch für andere politische und gesellschaftliche Akteure im engeren Sinne: Wo die Sachlichkeit von Entscheidungen, die Rationalität von Strategien, die mit Statistiken belegte Objektivität von Einschätzungen gefordert werden, scheinen Gefühle und Emotionen nur zu stören. Begriffen wie ‚Wutbürger' ist bereits die Kritik eingeschrieben, die Empörten seien einzig von übertriebenen Gefühlen geleitet, für rationale Argumente nicht mehr zugänglich und daher ‚bloß' emotional gesteuert. Andererseits jedoch scheinen Gefühlsäußerungen in der politischen Kommunikation einer Aussage das Siegel der Authentizität zu verleihen; kein politischer Akteur darf als emotionslos und roboterhaft erscheinen. Gefordert wird vielmehr, dass Politikerinnen und Politiker auch ihre ‚menschliche Seite', also Gefühle zeigen." (Hafeneger et al., 2018, S. 2)

Die Einblicke in das Verhältnis von Politik und Emotionen zeigen, dass Emotionen in Kenntnis der historischen Reise durch die Emotionswelten der Deutschen ab 1900 bis heute für die Veränderung und Stabilisierung gesellschaftlicher Verhältnisse von zentraler Bedeutung sind. Die Gründe hierfür sind mannigfaltig:

> „Gefühle zwischen Menschen [sind] auf Wechselseitigkeit angelegt. Sie stiften Beziehungen, flüchtige ebenso wie nachhaltige. Für eine Gesellschaft, deren Mitglieder immer mobiler werden und die die Figur des Fremden alltagsweltlich neu perspektiviert, gewinnen Gefühle damit an sozialer Bindungskraft. Andererseits provozieren sie Konflikte und rufen, in Form tradierter Vorurteile, dauerhafte Antagonismen hervor. Für die Vergesellschaftung von Menschen (...) spielen Gefühle eine tragende Rolle." (Frevert, 2011, S. 13)

Gefühle zu denken und zu artikulieren, steht aber nicht einzig in der Politik hoch im Kurs. Auch in anderen gesellschaftlichen, wissenschaftlichen, ökonomischen etc. Debatten und Diskursfeldern geht es zunehmend weniger um reine Sachargumente, sondern es wimmelt in ihnen inzwischen von Ich-Botschaften, persönlicher Betroffenheit und Ansprüchen an (Selbst-)Reflexion bis hin zur Äußerung, dass jemand durch ein Argument in seinen Emotionen verletzt worden sei. Es findet eine Emotionalisierung von Inhalten statt. Emotionalisierung kennzeichnet summa summarum ein zunehmend an Bedeutung gewinnendes Phänomen mit differenzierten Kommentierungs- und Bewertungspraxen und gilt beispielsweise als Erfolgsfaktor für eine effektive Kundenbindung: 70 % aller Kaufentscheidungen sind laut Experten emotional begründet (vgl. Rüeger; Hannich, 2010).

BEISPIEL 1.6:

Social Influencern geht es darum, Themen zu emotionalisieren. Sie stellen sich als besonders moralisch und aufgeklärt auf der richtigen Seite stehend dar, nur um dann ein beliebiges, vermeintlich nachhaltiges Produkt bewerben zu können. Durch eine selbstoffenbarende, wertschätzende Wirkung wird ein Storytelling realisiert, das Authentizität und Glaubwürdigkeit signalisieren und das Entstehen einer Beziehung fördern soll. Mittels aktivierender Wirkung – etwa durch die Gestik, eine erhöhte Sprechlautstärke und ein schnelles Sprechtempo – soll beim Empfänger der Eindruck einer kompetent und glaubwürdig wirkenden Erscheinung des Social Influencers erzeugt werden, während die Mimik „Freude" Glücksgefühle bei anderen auslösen soll. Kurzum: Verkaufen ist Emotion. Impliziert wird: Wer sich mehr kaufen kann, ist glücklicher (vgl. Rotz; Tokarski, 2020; Nymoen; Schmitt, 2021).

Reckwitz (2019) spricht von einer „neuen Emotions- und Selbstverwirklichungskultur", die sich in der aktuellen gesellschaftlichen Epoche der Spätmoderne mehr und mehr herausgebildet hat und eng mit der bereits rekonstruierten Wiederentdeckung der Emotionen verknüpft ist (vgl. Kap. 1.1).

ÜBUNG 1.6:

Denkanstöße zur Selbstreflexion für ein glücklicheres Leben (vgl. Lelord; André, 2008, S. 144 ff.).

Beantworten Sie folgende Fragen:

- Was könnte Sie heute glücklicher machen? Haben Sie eine klare Vorstellung davon, wie das Glück aussehen soll, auf das Sie warten?
- Ist das, was Sie glücklicher machen könnte, wahrscheinlich oder realisierbar?
- Welche Kategorie kommt Ihrem Glücksideal am nächsten? Ein fröhlicheres Leben mit freudigen Ereignissen? Eine nützliche Aktivität oder eine, die eher Ihren Ehrgeiz stillt? Die Zufriedenheit einer sorgenfreien Existenz oder eine heitere Gelassenheit, in der Sie kaum Wünsche und Ängste haben?
- Was waren rückblickend die glücklichsten Momente in Ihrem Leben?
- Was meinen Sie: Welche glücklichen Augenblicke haben Sie selbst verdorben?
- Hängt das, was Sie am glücklichsten machen könnte, von Ihnen selbst ab?

Zusammenfassung

Unser heutiger Wissensstand über Emotionen und wie diese unser Denken und Handeln beeinflussen, basiert auf einem jahrhundertelangen Ringen darum, welche Wertungen die Emotionen erfahren haben, was sie überhaupt sind, wie sie erforscht und erklärt werden können. In der Gesamtschau ist dies nicht einzig Ausdruck des erkenntnisleitenden Interesses an einer Beschäftigung mit Emotionen, sondern auch der Schwierigkeiten, Emotionen zu erforschen und zu bewerten.

Im Lichte der neueren Erkenntnisse der wissenschaftlichen Erforschung sind Emotionen das, was uns erst zu Menschen macht. Im Sinne einer heuristischen Arbeitsdefinition lassen sich Emotionen als persönliche, subjektiv erlebte Ausdrucksformen und zugleich hochgradig soziale Angelegenheit verstehen, die in spezifischer Weise unsere sozialen Wahrnehmungen und Interaktionen definieren (vgl. Bauer, 2019, S. 99).

Wir reagieren in der Regel dann emotional, wenn ein Ereignis für unsere persönlichen Bedürfnisse, Ziele und/oder Motive bedeutsam, sprich motivational ist. Der Wunsch, positive, für uns angenehme Emotionen zu erleben (wie auch anzustreben) und negative/unangenehme Emotionen zu vermeiden, ist das, was uns letztlich zum Handeln motiviert. Für den Umgang mit den eigenen Emotionen und der emotionalen Befindlichkeit anderer, zugleich aber auch für die Gestaltung kommunikativer Prozesse und Beziehungen, sind die Kenntnis auch historischer Emotionsansätze, das Verständnis für die höchst komplizierten emotionalen Vorgänge und Aussagen wie auch Ergebnisse der Emotionsforschung unverzichtbar. Die Einblicke in die „bunte Welt der Emotionen" haben deutlich gemacht (vgl. Lelord; André, 2008, S. 21), dass

- wir aufmerksam auf unsere Emotionen, aber auch auf die emotionalen Zustände der anderen achten sollten, denn diese sind uns von Nutzen.
- wir, wenn wir unseren Körper kontrollieren, auch unsere Emotionen unter Kontrolle bringen können.
- wir, indem wir anders denken, eine weitere Möglichkeit haben, unsere Emotionswelt zu kontrollieren.
- wir, bevor wir eine Emotion ausdrücken oder deuten, das soziale Umfeld umfassend mit in den Blick nehmen sollten.

Aufgaben zur Selbstüberprüfung

AUFGABE 1.1:

Worauf haben Emotionen Einfluss?

AUFGABE 1.2:

Wie ist es möglich, Emotionen zu beeinflussen?

2 Die vergessenen Emotionen in der Sozialen Arbeit: Zum Erfordernis ihrer Kultivierung im professionellen Handeln

Nach dem Bearbeiten dieses Kapitels wissen Sie, dass die Fähigkeit, eigene Emotionen und die Emotionen anderer Menschen zu entdecken, zu entschlüsseln, zu verstehen, zu steuern und zu beeinflussen, in der Praxis Sozialer Arbeit eine hohe Relevanz hat. Sie verstehen, dass Emotionen die Gestaltung von Hilfeprozessen und Interaktionen fördern oder verhindern. Sie können nachvollziehen, dass der reflektierte Umgang mit Emotionen ein konstitutiver Bestandteil professionellen Handelns in allen Handlungsfeldern Sozialer Arbeit ist. Und Sie werden sehen, dass das Verhältnis von Emotionalität und Rationalität auch in der Sozialen Arbeit keineswegs alternativ oder gegensätzlich zu diskutieren ist.

Was haben Emotionen wie Ärger, Wut, Angst, Neid, Schuldgefühle, Scham oder auch Freude mit der Sozialen Arbeit, sprich mit Ihrem späteren professionellen Handeln in den unterschiedlichsten Handlungsfeldern der Sozialen Arbeit zu tun? Wohl niemand von Ihnen wird leugnen, dass diese und viele andere emotionalen Zustände und Reaktionen im beruflichen Alltag eine gewichtige Rolle spielen.

BEISPIEL 2.1:

Fachkräfte der Sozialen Arbeit sprechen von einer vertrauensvollen Beziehung zu ihren Adressatinnen und Adressaten, verspüren Sympathie, haben ein gutes oder unangenehmes Gefühl in der Einschätzung zu einem Fall, hören auf ihr Bauchgefühl, haben Angst davor, dass etwas schiefläuft, empfinden Mitleid, erleben Momente der Beschämung, haben Erfolg und freuen sich, lachen lauthals.

2.1 Emotionalität und Rationalität in der Sozialen Arbeit

Im ersten Kapitel dieses Studienbuchs haben Sie erfahren, dass all unser Wahrnehmen, Meinen, Denken, Verstehen, Urteilen, Entscheiden, Motiviertsein und Handeln mehr oder weniger mit Emotionen, konkret mit inneren emotionalen Zuständen von subjektiven Empfindungen verbunden ist. Auch wenn sie uns nicht stets bewusst sind, häufig bloß intuitiv und (im Gegensatz zu rationalen Prozessen) eher nur schlecht in verbaler Form ausgedrückt werden können, sind Emotionen doch gleichsam im Sinne von Hintergrundemotionen präsent wie unsere Leiblichkeit und weisen eine enge Beziehung zu unserem Körper auf (wie an den zahlreichen vegetativen Begleiterscheinungen zu beobachten ist, die nur bedingt steuerbar sind). Aber welche Emotionen verstecken sich in unbewussten körperlichen Signalen, wenn beispielsweise ein Adressat in einer Ihnen bekannten bedrohlichen Lebenskrise behauptet, es gehe ihm gut? Und was denken Sie über eine Adressatin, die sich während Ihrer Beratungsbemühungen usw. gelangweilt auf ihrem Sitz räkelt? Ja, sie äußern damit nur allzu deutlich ihre gelebte Emotionalität –, aber es sind eben die falschen, zumindest nicht diejenigen Emotionen, die Sie sich erhoffen: Langeweile statt Begeisterung, Lustlosigkeit statt Interesse oder wenigstens die Bereitschaft zuzuhören (vgl. Klika; Schubert, 2004).

Es ist eine Tatsache, dass Emotionen Quellen rationaler und damit begründbarer Gewissheiten sind und

- keineswegs nur eine Begleiterscheinung sind,
- sich in sprachlich-verbalen Signaturen und/oder sprachlich-nonverbalen Repräsentationen wie Gestik, Mimik und Körper (oft für andere sichtbar) ausdrücken,
- Grundlage von Deutungen beim Gegenüber sind,
- eine zugleich individuelle wie hochgradig soziale Angelegenheit sind,
- nicht nur über Subjekte, sondern auch über gesellschaftliche und soziale (Macht-)Verhältnisse und Normen Auskunft geben, was wie gefühlt wird oder werden kann bzw. was in welcher Situation angemessen oder unangemessen ist,

- in allem Denken und Handeln inhärent sind und einen aktivierenden Einfluss nehmen,
- einen kognitiven Gehalt der Selbsterkenntnis und Selbstverwirklichung haben,
- wertvolle Hinweise auf dahinterliegende Erfahrungen, Einstellungen, Wertungen, Urteile und Überzeugungen geben,
- wenn jemand seine Emotion reguliert oder verändert, er auch sein (ggf. moralisches) Handeln verändert und fundiert.

HINWEIS:

Der Wissensgehalt von Emotionen (vgl. Klatetzki, 2010, S. 483; Klatetzki, 2017, S. 86)

Emotion: Bedeutung (bzw. spezifisches relationales Kernthema)

- Angst: Ich bin mit einer ungewissen, existenziellen Bedrohung konfrontiert.
- Ärger: Ich erlebe ein verletzendes/erniedrigendes Verhalten mir gegenüber oder demgegenüber, was mir wichtig ist.
- Dankbarkeit: Ich wertschätze ein altruistisches Geschenk.
- Eifersucht: Ich nehme einer dritten Person den (drohenden) Verlust der Zuneigung einer mir wichtigen Person übel.
- Ekel: Ein(e) unverdauliche(s), kontaminierende(s) Vorstellung/Objekt ist mir zu nahegekommen, hat mich berührt oder ist in mich eingedrungen.
- Erleichterung: Eine belastende Situation hat sich für mich zum Besseren geändert oder ist verschwunden.
- Freude: Ich habe spürbare Fortschritte bei der Realisierung von Zielen gemacht.
- Furcht: Ich sehe mich einer unmittelbaren, konkreten und überwältigenden physischen Gefahr konfrontiert.
- Hoffnung: Ich befürchte Schlimmes und sehne mich danach, dass alles gut wird.

- Liebe: Ich begehre Zuneigung oder möchte Zuneigung erfahren; üblicherweise, aber nicht notwendig, in reziproker Form.
- Mitgefühl: Ich bin in belastender Weise durch das Leiden einer anderen Person betroffen und will helfen.
- Neid: Ich will etwas haben, was ein anderer hat.
- Scham: Ich habe meinen persönlichen oder Ich-Idealen nicht entsprochen.
- Schuld: Ich habe eine moralische Grenze überschritten.
- Stolz: Ich erlebe eine Steigerung meiner Ich-Identität, da ich ein wertvolles Objekt oder eine wertvolle Leistung mir zurechne, sei es aufgrund meines eigenen Handelns oder durch das Handeln einer Person oder einer Gruppe, mit der ich mich identifiziere.
- Trauer: Ich habe einen unwiderruflichen Verlust erfahren.

Trotzdem wird die emotionale Dimension in der Theorie und Forschung der Sozialen Arbeit zu wenig beachtet und auch in der Praxis aufseiten der Fachkräfte der Sozialen Arbeit häufig als *unprofessionell* und *störend* für ein professionelles Handeln empfunden (vgl. Rosenbauer; Düring, 2013, S. 194). Weiterhin fällt auf: Emotionen werden aufseiten der Adressatinnen und Adressaten oft nur in den Praxissituationen thematisiert, wenn sie auffällig (und als Störungen, Unkonzentriertheit, Aggressivität etc. gedeutet) werden oder wenn sie fehlen.

ÜBUNG 2.1:

Was meinen Sie: Ist es überhaupt legitim, Emotionen anderer Menschen in (sozial-)pädagogischer Absicht, also zielgerichtet, bilden zu wollen oder handelt es sich um eine sozialpädagogische Anmaßung?

In den obigen Alltagsbeispielen kommt ein weitverbreitetes, jedoch verkürztes Verständnis von professionellem Handeln zum Vorschein, nach dem die Begründung für die adressatenspezifische, individuelle Problemlösung auf einer methodisiert erzeugten und deutlich überprüften Wissensform, also auf einer Kausalstruktur basiert.

„Professionelles Handeln ist wesentlich der gesellschaftliche Ort der Vermittlung von Theorie und Praxis unter Bedingungen der verwissenschaftlichen Rationalität, das heißt unter Bedingungen der wissenschaftlich zu begründenden Problemlösung in der Praxis." (Oevermann, 1996, S. 80)

In Kenntnis der einschlägigen Fachdebatte vermag die oben beschriebene Konnotation von Emotionen in der Praxis verwundern, denn für die in der Sozialen Arbeit handlungsfeldübergreifend höchst bedeutsame Beziehungsarbeit ist die Arbeit mit und an Emotionen grundlegend (bzw. prägend). Sie ist ein zentrales Merkmal der Professionalität Sozialer Arbeit. So besteht Einigkeit darüber, dass im Umgang mit Adressatinnen und Adressaten naturgemäß (positive/negative) Emotionen entstehen und diese mit den aktuellen Befindlichkeiten, situations- und fallspezifischen Belastungen, den (auch berufs-)biografisch gefärbten Emotionen wie auch mit der emotionalen Handlungsregulation der Fachkräfte der Sozialen Arbeit korrespondieren (vgl. Spiegel, 2018, S. 89). Kurzum: Wer die Emotionen anderer Menschen verstehen und ggf. verändern will, muss sich zunächst seine eigenen Emotionen selbstreflexiv bewusst machen und darüber hinaus Emotionen als Verstehenshelferinnen akzeptieren.

DEFINITION 2.1:

„Reflexivität beinhaltet die Fähigkeit, mit Veränderungen umzugehen, aus Erfahrungen zu lernen und kritisch zu denken und zu handeln." (Bundesministerium für Bildung und Forschung, 2021)

Die Bewältigung komplexer, unsicherer und divergenter Situationen und Handlungsanforderungen beim Begleiten und Unterstützen von Adressatinnen und Adressaten in bedeutsamen Lebensvollzügen, die bei den Fachkräften der Sozialen Arbeit häufig mit teils widersprüchlichen Emotionen verbunden ist (z. B. Freude über das Erscheinen des Adressaten, aber Ärger über das Nichteinhalten der gemeinsam vereinbarten Absprachen), untermauert das Erfordernis, das professionelle Handeln stetig zu reflektieren. Auf den Punkt gebracht: Selbstreflexion ist eine Schlüsselkomponente für das professionelle Handeln. Die Selbstreflexion, die ein wichtiger Schritt im Entwicklungsprozess zu einer emotionalen Kompetenz ist, hat dabei drei wesentliche Funktionen (vgl. Tisdale, 1998, S. 12):

- Sie soll helfen, Denken und Handeln, das sich nach vorliegenden Erfahrungswerten in einer gegebenen Situation als nicht zielführend erwiesen hat, zu verändern.
- Selbstreflexion unterstützt beim Vergleich des eigenen Denkens und Handelns mit Erfahrungswerten: Erfahrungswerte werden dabei als gelernte bzw. schon erprobte Denk- und Handlungsabläufe in konkreten Situationen aufgefasst, können aber auch das Resultat früherer (selbst-)reflexiver Prozesse sein.
- In Kenntnis der Prozesse der Analyse und Beurteilung strukturiert Selbstreflexion auch das künftige Denken und Planen. Selbstreflexion ermöglicht somit, das eigene Denken und Vorgehen fortwährend auf aktuelle Anforderungen der Situation zu überprüfen und gegebenenfalls zu verändern.

Die bisherigen Ausführungen zeigen Parallelen zur Figur des „Reflective Practitioner", wie sie Donald A. Schön (1930–1997) bereits Anfang der 1980er-Jahre in den internationalen Fachdiskurs eingeführt hat. Für ihn beruht das professionelle Handeln auf implizitem „knowing-in-action", das er als „ordinarily tacit, implicit in our patterns of action and in our feel for the stuff with which we are dealing" (Schön, 1983, S. 49) beschreibt.

> **!** Die Figur des „Reflective Practitioner", die sowohl in der Situation über ihr Handeln als auch über die Situation selbst reflektiert, umfasst die Reflexion vor der Handlung (= reflection-for-action), Reflexion im Verlauf der Handlung (= reflection-in-action) und Reflexion über die Handlung im Nachhinein (= reflection-on-action) (vgl. Schön, 1990).

Um den erfolgversprechenden, kompetenten Umfang mit komplexen, unsicheren und offenen Situationen zu ermöglichen, ist es erforderlich, über dieses knowing-in-action zu reflektieren und es möglichst präzise beschreibbar zu machen. In diesem Prozess der reflection-in-action (= dem Innehalten in einer Situation) wird das implizite Grundwissen zunächst zum knowledge-in-action und führt im Idealfall zum knowing-in-practice sowie zum reflecting-in-practice (vgl. Schön, 1990, S. 22 ff.).

BEISPIEL 2.2:

Im sozialarbeiterischen/sozialpädagogischen Alltag spüren wir stets Emotionen bei uns selbst und bei anderen nach, versuchen uns ihrer Angemessenheit zu vergewissern, evaluieren sie, sprechen über sie, lenken uns ab, verarbeiten, unterdrücken oder verdrängen sie, steigern uns in sie hinein oder kultivieren sie, bewerten sie, rechtfertigen sie vor uns selbst und vor anderen oder fordern andere auf, über ihre Emotionen zu sprechen.

Dies alles sind genuine Voraussetzungen für ein feinfühliges, emotional tragfähiges, von Nähe geprägtes Handeln, das der Adressatin bzw. dem Adressaten (in Kenntnis der asymmetrischen Strukturierung der Macht- und Kräfteverhältnisse in den Interaktionszusammenhängen) die erforderliche emotionale Sicherheit gibt und Vertrauenswürdigkeit signalisiert. Die beschriebenen Emotionen im Handeln sind aber zugleich unverzichtbare Bedingungen für die Qualität der professionellen Beziehungsgestaltung (vgl. Hancken, 2020, S. 85 ff.). Das selbstreflexive und biografische Wahrnehmen und das Akzeptieren von eigenen (ggf. impliziten und latenten) Emotionen – darunter subsummiert auch das sogenannte Bauchgefühl –, insbesondere der reflektierte Umgang damit, sind für die professionelle Beziehungsgestaltung essenziell. Erst auf dieser Grundlage kann sich überhaupt eine professionelle Distanz entwickeln, die dazu beiträgt, dass Soziale Arbeit nicht zu einer fürsorglichen Belagerung mutiert (vgl. Wolff, 1983).

„Unser Bauch weiß mehr, als unser Verstand glaubt.“ Bauchgefühle sind leiblich-emotionale Signale des Selbst, die als Hinweise auf die Bedeutsamkeit und Orientierungen in sozialen Situationen dienen und in Abwägung der vorhandenen Wissensbestände, Kompetenzen und (berufs-)biografischen Erfahrungen ein reflexives, schnelles Gewahrwerden der eigenen professionellen Haltung ermöglichen. Kurzum: Bauchgefühle geben uns intuitiv Orientierung für ein Handeln in Ungewissheit und werden dann in einem zweiten Schritt durch Reflexion erneut eingeschätzt (vgl. Miczuga, 2017).

An dieser Stelle ist herauszustellen, dass den Fachkräften Sozialer Arbeit neben den Formen des kollegialen Dialogs (= Team- und Dienstbesprechungen, Fallbesprechungen, Übergabegespräche), in denen die emotionalen Dimensionen des beruflichen Alltags kollektiv ausgehandelt und reflektiert werden, seit langem mit der Supervision oder auch der Gruppendynamik weitere Orte der Reflexion zur Verfügung stehen. An diesen Orten geht es nicht einzig darum, wünschenswerte Emotionen zu erzeugen und wünschenswerte Handlungen an diese Emotionen zu binden, sondern auch darum, die eigenen Emotionen – wie immer sie aussehen – zum Gegenstand autobiografischer Erforschung und eigenständiger Kultivierung zu machen (vgl. Müller, 1997, S. 215). Weiterhin geht es an diesen Orten darum, sich stets zu vergegenwärtigen, dass das wissenschaftliche Wissen einzig Begründungs- und Reflexionswissen zur Verfügung stellt und damit das für das professionelle Handeln notwendige Maß an Wissen, Können und Reflexivität vermittelt. Erst in der Kenntnis dieser Rückgebundenheit wird eine reflexive Brechung und Befragung der Praxis zur Rationalität des Emotionalen möglich. Auf den Punkt gebracht: Wissenschafts- und Handlungswissen sind zwei unterschiedliche Wissenstypen und die Differenz zwischen ihnen erklärt das Risiko bzw. den Fehler im professionellen Handeln, dass man zu wenig über die Bedeutung von Emotionalität in allen situativen Kontexten weiß. Reflexionen schaffen (oftmals auch erst im Nachhinein) Klarheit und ermöglichen so, für Emotionen und das Emotionale sensibel zu werden bzw. es ggf. zu bleiben sowie die hilfreichen und störenden Wirkungen emotionaler Prägungen zu analysieren (vgl. Helsper, 2021, S. 135 ff.).

> Professionelles Handeln setzt in Kenntnis der Differenz von Wissen und Können die selbstbezüglich-reflexive Aneignung von Wissen über die Wahrnehmung, die Nutzung, das Verstehen und den Umgang mit Emotionen voraus. Emotionalität ist ein Aspekt von Rationalität und umgekehrt.

Wie lässt sich dieser – im Horizont der bisherigen Ausführungen – erstaunliche Umstand der Vernachlässigung der emotionalen Fundierung professionellen Handelns erklären? Ist dies etwa Ausdruck der längst überwunden geglaubten „altehrwürdigen“ Entgegensetzung von rational und emotional, von Vernunft und Emotion? Sie erinnern sich: Der Rationalität wird die Funktion zugeschrieben, Emotionalität zu kontrollieren und zu ordnen (vgl. Kap. 1.1).

DEFINITION 2.2:

Unter Emotionsarbeit sind Formen und Techniken des Umgangs mit den eigenen und fremden emotionalen Befindlichkeiten im Kontext beruflich-fachlicher Aufgabenstellungen und mit dem Ausdruck dieser Befindlichkeiten, den Emotionsexpressionen, gemeint. Ziel ist es, erwünschte Emotionen im Hinblick auf die Entwicklung von Lern- und Bildungsmöglichkeiten zu erzeugen und unerwünschte zu unterdrücken bzw. ein definiertes Handlungsziel zu erreichen (vgl. Hochschild, 1990; Müller, 2015; Schröder, 2017).

Im Kern lassen sich drei zentrale Begründungsmuster herausfiltern, die erklären, warum der Umgang mit Emotionen und deren Bearbeitung nur in Ansätzen in ihrer grundlegenden Bedeutung für die Soziale Arbeit diskutiert und Soziale Arbeit als Emotionsarbeit eher im Randbereich des Fachdiskurses thematisiert wird. Nichtsdestotrotz lassen sich aus diesen unterschiedlichen Begründungen wertvolle Markierungen für den Umgang mit Emotionen im professionellen Handeln ableiten.

In diesem Zusammenhang ist **erstens** auf wissenschaftliche Positionen in der Sozialen Arbeit zu verweisen, nach denen die Emotionalität zwar als bedeutsam für die Initiierung von Hilfeprozessen (an-)erkannt wird, diese aber im weiteren Hilfeverlauf durch wissenschaftliche Rationalität zu ersetzen sei. Die darin zum Ausdruck kommende Hierarchisierung des Verhältnisses von Emotionalität und Rationalität meint, dass Emotionalität für das professionelle Handeln nicht bedeutsam und unprofessionell ist, manchmal sogar als Risiko gesehen wird.

Insbesondere in solchen Situationen, in denen Emotionen einen Beitrag leisten, die schwierige Balance von professioneller Distanz und emotionaler Nähe zu gefährden, geraten sie in den Verdacht, zur Verunsicherung und Grenzverletzung beitragen zu können, und in letzter Konsequenz auf diesem Wege die Professionalität Sozialer Arbeit zu be- oder gar zu verhindern. Auf den Punkt gebracht: Emotionen können gefährlich sein. Hierzu heißt es erklärend:

„Der Sozialpädagoge kann nicht nur als Konstruktivist, Planer oder Denker gesehen werden, vielmehr kann ihm in seiner Praxis etwas widerfahren, was er nicht beabsichtigt, etwa Emotionen, die er nicht nach Belieben zu kontrollieren vermag, Stimmungen, die er nicht willentlich umformen kann." (Colla, 1999, S. 359)

BEISPIEL 2.3:

Das Verhältnis von Nähe und Distanz zeigt sich beispielsweise in der Auseinandersetzung um sexualisierte Gewaltanwendungen auch von Sozialpädagogen sowie Sozialarbeitern in institutionellen Arrangements, beispielsweise in Einrichtungen der stationären erzieherischen Hilfen für Kinder und Jugendliche, bei der Aspekte von Emotionalität, dem intensiven Sich-Einlassen und körperlicher Nähe von Fachkräften der Sozialen Arbeit als Risiko thematisiert werden (vgl. Böllert; Wazlawik, 2014).

Zweitens wird angeführt, dass die Feststellung, dass Emotionen in den vielfältigen institutionell strukturierten Erbringungsformen Sozialer Arbeit (= Interaktionsarbeit als Face-to-face-Interaktion, verwaltungstechnische und bürokratische Tätigkeiten) eine zentrale Rolle spielen, banal ist (vgl. Bauer et al., 2018, S. 9). Erhellen wir an dieser Stelle die große Bedeutung von Emotionen in der Interaktionsarbeit, die in sozialen dienstleistungsbezogenen Organisationen stattfindet, welche wiederum als emotionale Arenen zu betrachten und damit als eine Verkettung von Interaktionsszenarien zu verstehen sind, die durch Emotionen motiviert werden (vgl. Klatetzki, 2010, S. 488).

Weil das, was Fachkräfte der Sozialen Arbeit wollen, nur zu erreichen ist, wenn es die Adressatinnen und Adressaten auch wollen und sie zudem als Co-Akteure an der Erstellung dieser personenbezogenen Dienstleistung mitwirken, ergeben sich bei der Gestaltung der Interaktionsarbeit als Kern des professionellen Handelns besondere Anforderungen und Belastungen – gerade auch bezüglich des Umgangs mit eigenen und fremden Emotionen.

Das Verdienst des von Fritz Böhle und Jürgen Glaser vorgelegten „Integrierten Konzeptes der Interaktionsarbeit" (2006a) ist es, zum einen die Merkmale der Arbeit in der Interaktion – die Interaktionsarbeit – präzise herausgefiltert zu haben und zum anderen eine Systematisierung der Rolle von Emotionen in der Dienstleistungsarbeit aufgegriffen zu haben. Im Zentrum ihrer Analyse steht das Arbeitshandeln und damit das *Wie* des Arbeitens mit Kunden, Klienten, Patienten und Adressaten.

Unterschieden wird zwischen sachbezogenen Dienstleistungen im „Back-office-Bereich", bei denen in erster Linie z. T. in kollegialer Kooperation in Produktion und Verwaltung Gegenstände bearbeitet und materielle sowie immaterielle Güter (wie Patente, Nutzungsrechte an Musik und Filmen) hergestellt oder bearbeitet werden, und personenbezogenen Dienstleistungen. Bei den letztgenannten Dienstleistungen, zu denen die Soziale Arbeit zählt, ist die Arbeit (bzw. der Arbeitsgegenstand) situativ auf die individuellen Bedürfnisse der Menschen als Subjekte gerichtet. Hinzu kommt, dass der sozialen Interaktion zwischen Dienstleistern und Leistungsempfängern wie auch der Kooperation mit Kollegen eine tragende Rolle zukommt (= Frontlinework; vgl. Böhle; Glaser, 2006b, S. 12 f).

Im Folgenden werden die fünf Kernbestandteile der Interaktionsarbeit skizziert, wobei der zentrale Inhalt des Arbeitshandelns die soziale (Professionellen-Adressaten-)Interaktion ist. Diese ist im Kern darauf ausgerichtet, auf der Basis von emotionaler Nähe und Verbundenheit zum Adressaten/zur Adressatin als Subjekt ein bestimmtes Ergebnis zu erzielen (vgl. Böhle, 2011, S. 457 ff.):

1. **Wechselseitige Abstimmung der Interessen:** Es kann/darf nicht davon ausgegangen werden, dass die Interessen und Vorstellungen der Dienstleistenden (= Fachkräfte der Sozialen Arbeit) und des Adressaten/der Adressatin hinsichtlich des zu erzielenden Arbeitsergebnisses wie auch der Weg dorthin deckungsgleich bzw. komplementär sind. Dieser Umstand macht einen abgestimmten wechselseitigen Abstimmungsprozess über die Festlegung eines exakt definierten Ergebnisziels erforderlich.

2. **Einfluss auf die Gefühle anderer:** Die emotionale Befindlichkeit des Adressaten bzw. der Adressatin beeinflusst neben den funktional-sachlichen Wirkungen das Arbeitshandeln und hat maßgeblichen Einfluss auf die Qualität der zu erbringenden Dienstleistung. Das Gewährleisten der förderlichen emotionalen Verfassung des Adressaten bzw. der Adressatin ist für das Gelingen der Dienstleistung essenziell. Dies umfasst etwa die Einhaltung der in der Regel als selbstverständlich erachteten Umgangsformen, das Erzeugen von Vertrau-

en, das Einfühlen in die besonderen Problemlagen und Krisensituationen, das bewusste Zurückhalten belastender Informationen sowie ein angemessenes Erscheinungsbild. Besondere Obacht ist der damit innewohnenden Gefahr geboten, dass über die Gefühlsarbeit die Adressatinnen und Adressaten manipuliert und/oder bewusst sachlich-funktionale Mängel der Dienstleistung verschleiert werden können.

3. **Umgang mit eigenen Gefühlen:** Die emotionale Verfassung der Arbeitenden wirkt sich sowohl konkret auf das zweck- und zielgerichtete Arbeitshandeln als auch hiervon unabhängig auf das Ergebnis aus.
4. **Subjektivierendes Handeln:** In zweckgerichteten arbeitsbezogenen Interaktionen wird der Adressat, obgleich er/sie zum Gegenstand der Arbeit wird, als Subjekt begriffen. Daraus folgt naturgemäß, dass die personenbezogene Dienstleistung mit und an Menschen in hohem Maße von strukturellen Unbestimmbarkeiten, Unwägbarkeiten und Unsicherheiten mitbestimmt wird. Dies macht in letzter Konsequenz ein subjektivierendes, den jeweiligen Besonderheiten gerecht werdendes Handeln in steter wechselseitiger Verschränkung von Planung und Ausführung erforderlich. So wird (auch) das Körperlich-Physische (z. B. Gesichtsausdruck, Emotionen) als Ausdruck und Informationsquelle menschlicher Subjektivität wahrgenommen und bearbeitet, wobei dem subjektiven Nachvollziehen (= Empathie) eine hohe Bedeutung zukommt.
5. **Kontrolle durch den Adressaten/die Adressatin:** Dem Adressaten bzw. der Adressatin obliegt die Aufgabe, das Arbeitshandeln bzw. die Interaktionsarbeit der Dienstleistenden zu kontrollieren und zu beurteilen. Dies kann für die Arbeitenden mit einer besonderen Anerkennung verbunden sein, ggf. aber auch besondere Belastungen und/oder Restriktionen nach sich ziehen.

Begreift man die Soziale Arbeit als soziale Professionelle-Adressaten-Interaktion entlang des in seinen zentralen Referenzpunkten dargelegten Konzepts nach Böhle und Glaser (2006a), wird die Bedeutung einer Emotionsarbeit und das damit eng verbundene subjektivierende Arbeitshandeln für das professionelle Handeln deutlich sichtbar. Eine gelingende Interaktion mit dem Adressaten bzw. der Adressatin setzt voraus, dass diese als Subjekte und nicht als Objekte gesehen werden. Ferner zeigt sich, dass die Emotionsarbeit oft erst eine angemessene Erfüllung der Arbeitsaufgabe ermöglicht.

Die aufgezeigte Relevanz der emotionalen Dimension als konstitutiv für den Verlauf von Interaktionen im Rahmen personenbezogener Dienstleistungstätigkeit wird von Wolfgang Dunkel (1988) geteilt. Mit Blick darauf plädiert er dafür, „die Kompetenzen im Einsatz und im Umgang mit Gefühlen als fachliche Qualifikationen zu thematisieren" (Dunkel, 1988, S. 67). Die Bedeutung eines Gefühlsarbeitsvermögens und damit verknüpft von emotionaler Kompetenz für in Dienstleistungsberufen wie der Sozialen Arbeit tätigen Fachpersonen wird von Dunkel (1988, S. 67) in drei Dimensionen einer Gefühlsarbeit aufgezeigt:

- **Gefühl als Gegenstand:** Der Gefühlsarbeitende (= Fachkraft der Sozialen Arbeit) versucht über das Instrument der Beeinflussung der emotionalen Befindlichkeit des Adressaten bzw. der Adressatin (z. B. durch die Inszenierung einer emotional relevanten Szene), das sachliche Ziel zu erreichen.
- **Gefühl als Mittel:** Gefühlsarbeit umfasst in ihrer Intention zum einen eine Arbeit mit Gefühl, zum anderen werden eigene Gefühle (mitsamt ihrer adäquaten Gefühlsdarstellung) zur Beeinflussung des Adressaten bzw. der Adressatin genutzt. Bedeutsam für die Gefühlsarbeit sind u. a. empathische Fähigkeiten, improvisierendes Vorgehen und Erfahrungswissen.
- **Gefühl als Bedingung:** Der reflexive Bezug auf die eigene emotionale Befindlichkeit und ggf. deren Selbstkontrolle ermöglichen in Kenntnis der individuellen Gefühlsregeln, den Gefühlsregeln der Arbeitsorganisation wie auch den gesellschaftlichen bzw. beruflichen Gefühlsregeln die Verarbeitung von emotionalen Belastungen in der Dienstleistungsarbeit.

HINWEIS:
Das Risiko einer emotionalen Überforderung in der Interaktionsarbeit, dem sogenannten Interaktionsstress, besteht, wenn man permanent auf Kosten eigener auf Emotionen anderer eingehen muss oder die Diskrepanz zwischen dem tatsächlichen (möglicherweise negativen) emotionalen Empfinden und den sozial erwünschten Emotionen einer Person zu groß ist (vgl. Badura, 1990).

Auch wenn die Rolle von Emotionen in der Interaktionsarbeit und damit zugleich die Umgangsweisen mit ihnen in vorliegenden sozialpädagogischen und sozialarbeiterischen Analysen bislang kaum bzw. zu wenig in den Blick genommen wurden, ist dies keineswegs als Beleg ihrer Irrelevanz zu deuten; dieser Umstand zeugt vielmehr von der unterstellten Selbstverständlichkeit einer „emotion work" in der Sozialen Arbeit, die auch historisch bedingt ist (vgl. Magyar-Haas, 2018, S. 17).

So ruht in einer historischen Perspektive der Sozialen Arbeit maßgeblich auf einem personalen Fundament emotionaler Zuwendung bzw. auf dem Gedanken einer „Erziehung als Beziehung". Insbesondere der gezielte, professionell dosierte Einsatz von liebevollen Näheangeboten, der sogenannten pädagogischen Liebe, lässt sich als Beleg des genuinen Eingebundenseins von Emotionen in Handlungskontexte Sozialer Arbeit verstehen: Wurde Liebe/Nähe zunächst, maßgeblich vorangetrieben durch Johann Heinrich Pestalozzi (1746–1827), als pragmatisches Erziehungsmittel diskutiert, führte im Zeitverlauf die Beschreibung der Beziehung zwischen dem Erzieher und dem Heranwachsenden von Herman Nohl (1879–1960) als pädagogischer Bezug dazu, die liebevolle, leidenschaftliche Beziehung zwischen dem Erziehenden und dem Erzieher mitsamt seiner pädagogischen Autorität als Bildungs- und Erziehungsziel zu formulieren.

„Die Grundlage der Erziehung ist das leidenschaftliche Verhältnis eines reifen Menschen zu einem werdenden Menschen, und zwar um seiner selbst willen, dass er zu seinem Leben und seiner Form komme." (Nohl, 1988, S. 169)

Legitim kann ein solches Verhältnis, das bestimmt ist von der Liebe des werdenden Menschen in seiner Wirklichkeit und von der Liebe zum Ideal des werdenden Menschen, aber einzig unter der Voraussetzung sein, wenn es sich in den ritualisierten Rahmen eines von beiden Seiten nicht infrage gestellten Autoritätsverhältnisses einfügt. Es sollte zudem geleitet sein von einem festen Ethos einer „Erzieherpersönlichkeit, welches, gegen alle eventuellen Aufwallungen des eigenen Gefühls, ihr gesamtes Streben darein gibt, dieses pädagogische Verhältnis ebenso wie die eigene Person durch Unterstützungsleistungen für die Selbstständigkeit des Zöglings sobald als möglich überflüssig zu machen" (Gaus; Drieschner, 2011, S. 18 ff.). Daraus folgt:

Professionelles Handeln hat die Dynamiken von emotional begründeten Beziehungsdynamiken als wesentlichen Bestandteil pädagogischer Prozesse umfassend zu reflektieren. Auch wenn die Anfälligkeit professionellen Handelns für klammernde, okkupierende Beziehungen bzw. entgrenzende und machtförmige Übergriffe strukturell angelegt und prinzipiell nicht aufhebbar ist, sind diese begrenzbar und reflexiv handhabbar (vgl. Helsper, 2021, S. 342).

Drittens lässt sich als ein weiterer Grund für das weitgehende Ausblenden von Emotionalität im Fachdiskurs anführen, dass Emotionen als Gegenstand theoriegeleiteter Analysen weitgehend vernachlässigt werden und die Theorie Sozialer Arbeit im Kern auf die Rationalisierung, d. h. auf die Befreiung von Emotionen in den Handlungsfeldern Sozialer Arbeit, abzielt. Wohlwissend, dass sich die Praxis permanent mit Emotionen konfrontiert sieht. Dass Emotionen in den diversen Theoriebemühungen Sozialer Arbeit keine umfassende theoretische Fundierung erfahren, bedeutet im Umkehrschluss aber nicht, dass Emotionen keine Relevanz eingeräumt wird, sondern einzig: Soziale Arbeit wird nicht als Emotionsarbeit expliziert und reflektiert. So kommt der Emotionalität z. B. in der lebensweltorientierten Sozialen Arbeit über die unausweichliche Aufgabe, Nähe und Distanz zu vermitteln, und sich im beruflichen Alltag auf persönliche, emotional geprägte Beziehungen einzulassen, eine große Bedeutung zu.

ÜBUNG 2.2:
Sie haben sich vermutlich bereits mit Fragen rund um Nähe und Distanz als ein Spannungsfeld der Professionalität Sozialer Arbeit beschäftigt. Wie viel Nähe erleben Sie in Ihrem Alltag selbst als hilfreich und wie versuchen Sie, Distanz zu wahren? Welche Reaktionen haben Sie erfahren?

2.2 Die Balance zwischen Nähe und Distanz

Aus Sicht einer „lebensweltorientierten Sozialen Arbeit" (vgl. Thiersch, 2019, S. 43 f.) ist der Alltag zum einen geprägt von der hohen Gewichtung des Selbstverständlichen, des Vertrauten und der Nähe, in der sich Menschen herausgefordert und in gegenseitigen Erfahrungen, Bestätigungen und Enttäuschungen sowie positiven und negativen Emotionen zugehörig wissen. Zum anderen geht Alltag aber auch einher mit Erfahrungen von Anderem, Neuem, nicht Vertrautem in zunehmend komplexer, in der Folge unübersichtlich werdender Lebenswelten und damit auch den Konstellationen von Nähe und Distanz (Letzteres verstanden als Abstand zum Nahen bzw. Freiraum zum „Atemholen"). Genau an dieser Stelle hat Soziale Arbeit anzusetzen, indem sie den Aufbau von Beziehungen, Empowerment, Nähe, Verlässlichkeit, Zu- und Vertrauen im Medium des pädagogischen Bezugs fördert, wo sie im alltäglichen Leben der Adressatinnen und Adressaten gefährdet oder nicht gegeben sind.

> „Die Frage nach Nähe und Distanz ist in der Praxis der Sozialen Arbeit allgegenwärtig im Alltag des Umgangs mit den AdressatInnen und mit den KollegInnen; sie zielt auf eine der zentralen Dimensionen in der Frage nach dem Selbstverständnis der Sozialen Arbeit. Die Frage wird oft zwischen hart entgegengesetzten Polen verstanden und gelebt. Die einen insistieren auf Nähe, also darauf, dass sozialpädagogisches Handeln bestimmt ist durch die Qualität der Beziehungsarbeit, das Sich-Einlassen, den Aufbau von Vertrauen, Beziehungen und Empowerment im Medium des Pädagogischen Bezugs. Die Anderen sehen in der professionellen Fähigkeit zur Distanz das eigentliche Charakteristikum sozialpädagogischen Handelns und machen dies immer wieder auch z. B. in der Auseinandersetzung mit und der Unterscheidung zu Ehrenamtlichen und Aktiven im bürgerschaftlichen Engagement deutlich." (Thiersch, 2019, S. 42)

Vor diesem Hintergrund lässt sich die Aufgabe angemessener Balance von professionell inszenierter Nähe und Distanz verorten als (vgl. Dörr; Müller, 2019, S. 25)

- Balance zwischen Fachkräften der Sozialen Arbeit und den Lebenswelten sowie den Lebenslagen der Adressatinnen und Adressaten,
- Balance zur Eigenlogik der Interessen und selbstwertdienlichen Kognitionen sowie Bedürfnissen der professionell handelnden Akteure,
- Balance zur Eigenlogik und zu den Interessen der organisatorischen, infrastrukturellen und ökonomischen Voraussetzungen einer professionellen Intervention,
- Balance zwischen dem berufsethischen Mandat, dem sog. Tripelmandat, und den lebensweltlichen Bedürfnissen der Adressatinnen und Adressaten sowie Anforderungen des (wohlfahrts-)staatlichen Systems.

HINWEIS:

Soziale Arbeit ist dreifach mandatiert, weil sie sich *erstens* über konkrete Hilfe(-leistungen) für das Wohl und die Interessen ihrer unmittelbaren Adressatinnen und Adressaten einsetzt, sich *zweitens* über die Ausübung (hoheits-) staatlicher Kontrollfunktionen für das Allgemeinwohl bzw. die Interessen der Gesellschaft zu verbürgen hat und *drittens* sich auf ihre spezifische Professionalität (in Kenntnis der komplexen Prozesse der Entstehung, Relationierung und Transformation sozialpädagogischen und sozialarbeiterischen Wissens und Könnens) beziehen und berufen muss.

Hilfe, Kontrolle und berufsethisches Mandat sind konstitutiv für die Soziale Arbeit und führen im Zusammenwirken häufig im beruflichen Alltag zu Spannungen, mit denen – nicht nur, aber auch – eine Reihe von Emotionen (aufseiten der Fachkräfte und der Adressatinnen bzw. Adressaten) verbunden ist (vgl. Ziegler, 2012, S. 64; Schilling; Klus, 2015, S. 229 f., Lutz, 2020).

Halten wir fest:

> Professionelles Handeln balanciert Nähe und Distanz. In dieser oft beschwerlichen Ausbalancierung und Regulierung haben Emotionen eine herausragende Rolle.

Mit Blick darauf darf aber nicht unbeachtet bleiben, dass Nähe und Distanz zentrale Widersprüche professionellen Handelns sind und eine paradoxe Struktur in sich tragen: Fachkräfte der Sozialen Arbeit sollten in einem lebensweltlichen Verständnis in der Lage sein, ein jeweils als „richtig" und damit als interpretierbar, veränderbar empfundenes Maß von emotionaler Nähe und professioneller Distanz zu den Adressatinnen und Adressaten sowie deren Problemen auf kunstvolle Weise zu verschränken und zu vermitteln (vgl. Dörr; Müller, 2019). Dies vermag zu erklären, dass es in der Praxis der Sozialen Arbeit unterschiedliche Einschätzungen darüber gibt, wie viel Nähe und wie viel Distanz für eine positive Entwicklung von Adressatinnen und Adressaten erforderlich sind, zumal diese aufgrund ihrer je eigenen Entwicklungsgeschichte jeweils verschieden auf Nähe und Distanz reagieren. Das Nähe- und Distanz-Verhältnis muss demzufolge individuell ausbalanciert werden. Dies hat allerdings in einem vorab zu definierenden, abgestimmten und transparenten Rahmen zu geschehen. In der Konkretisierung dieses Sachverhalts heißt es an anderer Stelle:

> „Auf der einen Seite ist der Focus auf das pädagogische Problem und auf größtmögliche personale Distanz zu bringen und entsprechend aus dem konkreten personalen Umgang mit Klienten herauszulösen, damit er bezüglich der Diagnose möglichst scharf ‚ins Auge gefasst' werden kann (grundlegende Idee der Beobachtungsnähe). Auf der anderen Seite darf im personalen Umgang mit dem Klienten der PädagogIn prinzipiell nichts verborgen bleiben (höchste personale Nähe), damit eine Einbettung des Geschehens in die Lebenspraxis möglich wird (…). Insofern finden wir in der Handlungsanforderung an professionalisiertes pädagogisches Handeln ein notwendiges Changieren von Nähe und Distanz." (Ley; Ziegler, 2012, S. 274)

Margret Dörr und Burkhard Müller (2019, S. 25) haben hieraus die Konsequenz gezogen, dass sich für Fachkräfte der Sozialen Arbeit die Anforderung einer selbstreflexivon Vergewisserung ergibt, der eigenen Person als Werkzeug gewahr zu werden und sie als solches einzusetzen, aber sie nicht zulasten der Adressatinnen und Adressaten manipulativ zu missbrauchen. Für den Umgang mit Emotionen bedeutet dies, dass die Fachkräfte der Sozialen Arbeit durch (Selbst-)Beobachtung und (Selbst-)Reflexion eine professionelle Distanz zu ihren Handlungen und Haltungen gewinnen (vgl. Spiegel, 2018, S. 93), indem sie u. a. Emotionen und Reaktionen bei anderen wahrnehmen und sich in diese hineinversetzen können (= Empathiefähigkeit) und/oder es emotional aushalten, dass Situation und Deutungen ungeklärt oder widersprüchlich bleiben (= Ambiguitätstoleranz).

Bisher wurde wie selbstverständlich davon gesprochen, dass Empathie(-fähigkeit) als ein Kernaspekt in der Emotionsarbeit (wie auch in der Beziehungs- und Interaktionsarbeit) Sozialer Arbeit zu verstehen und ein Indikator für das Vorhandensein emotionaler Kompetenz ist (und damit für die Fähigkeit, die Emotionen und Gedanken anderer erkennen und verstehen zu können). Aber was genau ist Empathie und was leistet sie?

Wird dieser Begriff zunächst im weitesten Sinne in den Blick genommen, wird darunter etwa das Einnehmen der Perspektive eines anderen, das Mitgefühl, die Einfühlung, ein Sich-Einlassen auf das Gegenüber oder das In-die-Haut-des-anderen-Schlüpfen verstanden. Aber können wir tatsächlich einen anderen emotional (oder kognitiv) verstehen, so wie wir unsere eigenen Emotionen empfinden? Oder ist es nicht vielmehr so, dass wir dies aufgrund eines kognitiven Verständnisses glauben oder eine Vorstellung davon haben?

> „Zumindest haben wir immer wieder das Gefühl, dass wir andere Menschen und Wesen verstehen, dass wir fühlen, was sie empfinden und dass wir ihre Intentionen erraten können. Zugleich wissen wir, dass dies nicht so einfach ist und wir regelmäßig irren. Die Frage ist also, wie es möglich ist, dass wir denken, andere zu verstehen trotz der Umstände, die dagegen sprechen. Woher stammt unser Zutrauen, andere lesen zu können?“ (Breithaupt, 2009, S. 18).

Stellvertretend für andere vorliegende Begriffsbestimmungen in der Sozialen Arbeit definiert Hiltrud von Spiegel (2018, S. 93) Empathie als Kompetenz, „Motive, Erwartungen, Emotionen und Reaktionen anderer Menschen wahrnehmen und sich in sie hineinversetzen zu können.“ Bezogen darauf verortet Silvia Staub-Bernasconi (1995, S. 61) mit Verweis auf das oben dargelegte professionelle Tripelmandat der Sozialen

Arbeit „Hilfe als Empathie“ und grenzt diese strikt von der „Macht als soziale Kontrolle über Güter, Menschen und Ideen“ ab. Um ein weiteres Beispiel anzuführen: Im Handlungskonzept der Gewaltfreien Kommunikation, das von Marshall B. Rosenberg entwickelt wurde und in der Sozialen Arbeit eine weite Verbreitung gefunden hat, besteht die „Macht der Empathie“ in der „Empathie, die heilt“ (Rosenberg, 2010, S. 133). Solche positiv konnotierten, teils idealisierenden Begriffsverständnisse von Empathie blenden aber nicht nur aus, dass das emotionale Einfühlungsvermögen als begrenzt erscheint bzw. anzusehen ist, sondern auch, dass Empathie „keineswegs nur eine Angelegenheit des Wohlwollens und der positiven Akzeptanz der anderen ist. Vielmehr erlaubt Empathie auch, die Konkurrenten besser zu verstehen und daher auszuschalten. Schadenfreude ist kein Randphänomen der Empathie“ (Breithaupt, 2009, S. 8). Vor dem Hintergrund, dass die Fähigkeit zur Einfühlung auch zum Gegenteil von Mitgefühl führen kann, hat Marianne Meinhold (2010, S. 638) wiederholt in Erinnerung gerufen, dass die zwischenmenschliche, helfende Beziehung immer zugleich auch eine kontrollierende Beziehung ist, in der eine den Machtverhältnissen geschuldete Asymmetrie (Adressat, Sozialpädagoge bzw. Sozialarbeiter, gesellschaftliche Erwartung) eine Rolle spielt. Kurzum: Empathie hat nicht nur ihre Grenzen, sondern ist – wie die Soziale Arbeit insgesamt – eingebunden in das Tripelmandat.

In Kenntnis dieser schwierigen Gemengelage wird in den meisten neueren wissenschaftlichen Definitionen Empathie als das Zusammenwirken zweier Komponenten, einer kognitiven und einer affektiven, verstanden: Die *kognitive Komponente* beschreibt das intellektuelle, differenzierte und korrekte Wahrnehmen/Erkennen, Benennen, Nachvollziehen-Können und Verstehen der Situation bzw. in Interaktionen durch Perspektivübernahme. Demgegenüber fasst die *affektive Komponente* von Empathie das Mitfühlen (bzw. das Miterleben) von tatsächlichen oder vermuteten Emotionen anderer zusammen. Vor diesem Hintergrund zeichnet sich das empathische Handeln durch das Bewusstsein aus, dass die bei anderen beobachteten Emotionen nicht die eigenen sind. Ohne diese Selbst-Andere-Differenzierung kommt es zur einer Gefühlsansteckung und eher zum Mitleid etc. statt zum angestrebten Mitfühlen (vgl. Roth et al., 2016, S. 2).

BEISPIEL 2.4:

Wenn Sie von einem Adressaten seine krisenbehaftete Lebenssituation erfahren und nicht die Selbst-Andere-Differenzierung aufrechterhalten (können), werden Sie die ggf. lebensbedrohende Krise des Adressaten als Ihre eigene Krise erleben. Mit der Selbst-Andere-Differenzierung können Sie mitfühlend aus den Augen des Adressaten auf dessen Lebenssituation schauen, aber es bleibt seine Situation und seine Emotion.

Derartige Bestimmungsversuche verbinden sich mit Erkenntnissen aus den Kognitionswissenschaften, die sich im Kern mit den bewussten Denk- und Verständnisprozessen, die in jedem Menschen vorgehen, beschäftigen. So zeigt sich, „dass bei der Begegnung mit einer anderen Person mit einem emotionalen Ausdruck eigene Erinnerungen an eigene Erfahrungen aktiviert werden, die ähnlich zu denen sind, die das Gegenüber gerade erlebt" (Altmann, 2018). Wenn Empathie auf Ähnlichkeit und damit auf der Wechselwirkung von Wahrnehmung und Erinnerung beruht – und in der Konsequenz eine Nicht-Ähnlichkeit Empathie unterbindet – ist Empathie zu definieren als die „Vorstellung eines Beobachters, einen anderen emotional oder kognitiv zu verstehen" (Breithaupt, 2006. S. 20).

Jenseits dieser Ein- und Beschränkungen darf aber nicht vergessen werden, dass die Bemühungen um einen empathischen Nachvollzugsprozess der (emotionalen etc.) Situation der Adressatinnen und Adressaten im Spagat zwischen Mitwissen und Mitfühlen nichtsdestotrotz eine wichtige Aufgabe professionellen Handelns in der Sozialen Arbeit ist. Weitreichende Möglichkeiten liegen darin, Empathie in einem interaktiven Verständnis als eine Rückmeldung zu verstehen, die die Fachkraft der Sozialen Arbeit dem Adressaten bzw. der Adressatin gibt. Wird Empathie als ein sinnzusammenhängender Kommunikationsprozess und die Selbst-Andere-Differenzierung als eine erlernbare, trainierbare und professionell zu kultivierende Fertigkeit verstanden, sind drei aufeinanderfolgende Schritte zu berücksichtigen (vgl. Kunyk, Olson, 2001):

1. Der Sozialpädagoge/Sozialarbeiter nimmt den emotionalen Zustand des Adressaten von dessen Bezugspunkt her wahr, fühlt mit, versteht ihn und teilt das Verstandene möglichst präzise dem Adressaten mit.

2. Der Adressat drückt dem Sozialpädagogen/Sozialarbeiter gegenüber aus, dass er korrekt verstanden worden ist.
3. Der Adressat nimmt vom Sozialpädagogen/Sozialarbeiter ausgedrückte Empathie aus einer gewissen Distanz wahr, erlebt diese als stimmig und passend für die eigene Situation. Dies ermöglicht es dem Adressaten, gewisse Emotionen, Einstellungen und Werthaltungen infrage zu stellen.

Fassen wir das bisher Gesagte in einer Definition zusammen:

DEFINITION 2.3:

„Empathie ist die Fähigkeit, die Gefühle anderer Menschen mitzufühlen. Voraussetzung dafür ist, dass die Situation des anderen Menschen verstanden wurde (Perspektivenübernahme) und gleichzeitig die Quelle der mitgefühlten Emotion bewusst beim anderen Menschen liegt (Selbst-Andere-Differenzierung), also keine reine Emotionsübertragung (Gefühlsansteckung) stattfindet." (Altmann, 2018)

Emotionen begleiten das professionelle Handeln und gehen ihm voraus. Ohne Emotionsarbeit lässt sich der berufliche Auftrag der Sozialen Arbeit und damit zugleich die Handlungsfähigkeit als personenbezogene Hilfe nicht erfüllen (vgl. Wulf-Schnabel, 2011, S. 46, S. 235).

Emotionen professionell in die Arbeit einzubringen und Emotionen der Adressatinnen und Adressaten wahr- und aufzunehmen sind alltägliche Arbeitsanforderungen. Soziale Arbeit ist einerseits Emotionsarbeit in sozialen Beziehungen, andererseits erzeugt Soziale Arbeit selbst auch Emotionen.

Im Kontext der Sozialen Arbeit sind Emotionen niemals einfach nur „Privatsache" oder der „Privatbezirk" eines jeden Menschen, der vor direktem sozialpädagogischen/sozialarbeiterischen Zugriff zu schützen ist, sondern ein essenzieller Teil des professionellen Handelns, dem genügend Aufmerksamkeit eingeräumt werden muss (vgl. Bauer, 2019, S. 103). Emotionen bestimmen nicht nur die Adressatinnen und Adressaten mit, sondern auch die Fachkräfte der Sozialen Arbeit selbst sind in diese Emotionen verstrickt und positionieren sich so selbst zur Situation, zum Adressaten bzw. zur Adressatin.

Vor diesem Hintergrund erwächst das Erfordernis, den Umgang mit Emotionen zu professionalisieren – dazu gehört auch, den Humor als kreative Ressource und professionelle Interventionsform zu thematisieren, da dieser u. a. zwischenmenschliche Beziehungen erleichtert, Hemmungen löst, verdrängte (ggf. moralische) Emotionen aktiviert, die Kreativität fördert und vor allem eine Voraussetzung für das pädagogisch-professionelle Handeln ist (vgl. Hamburger, 2005, S. 86). Denn Professionalität besteht nicht einzig aus der Verknüpfung von wissenschaftlichem Wissen und Können, sondern auch und vor allem aus lebendigen Personen mit ihren Emotionen (vgl. Müller, 2010).

Zusammenfassung

Emotionalität und Rationalität stehen im Kontext der Sozialen Arbeit in einem wechselseitigen Zusammenhang. Emotionen sind ein unverzichtbarer Bestandteil im berufspraktischen (und forschenden) Erkenntnisprozess Sozialer Arbeit.

In der Konsequenz sind die Wahrnehmung, Berücksichtigung, Entwicklung, Steuerung und Reflexion von eigenen und fremden Emotionen eine bedeutsame sozialarbeiterische/sozialpädagogische Aufgabe im professionellen Handeln und die emotionale Kompetenz ist ein konstitutiver Bestandteil der Professionalität Sozialer Arbeit. Für Fachkräfte der Sozialen Arbeit erwächst daraus die Anforderung, die eigenen Emotionen so zu kontrollieren und sich gegenüber ihren Möglichkeiten zu öffnen, dass es dem professionellen Handeln und der eigenen Person dienlich ist. In dieser Hinsicht ist Emotionsarbeit als professionelles Können zu erfassen, das sich im Vorhandensein von Kompetenzen im Einsatz von und im Umgang mit Emotionen zeigt (vgl. Schröder, 2017, S. 274). Eine emotionsbezogene Professionalisierung Sozialer Arbeit ist entsprechend darauf auszurichten, dies zu unterstützen und auf diesem Wege die professionelle Kultivierung der Emotionen zu ermöglichen.

Aufgaben zur Selbstüberprüfung

AUFGABE 2.1:
Wodurch zeichnet sich eine emotional kompetente Fachkraft der Sozialen Arbeit aus?

AUFGABE 2.2:
Sind die vom Autor des Studienbuchs ausgewählten institutionalisierten Orte, die dem Nachdenken über und der gemeinsamen Auseinandersetzung mit positiv oder negativ konnotierten Emotionen Raum geben, aus Ihrer Sicht zentral? Fallen Ihnen weitere ein?

AUFGABE 2.3:
Welche Bedeutung haben Emotionen in der Interaktionsarbeit?

3 Humor in der Sozialen Arbeit und der professionelle Umgang damit

Nach der Bearbeitung dieses Kapitels verfügen Sie über einen kompakten Überblick, in welcher Gestalt Humor, der in der Regel den Eigenarten bzw. der Logik der Emotion „Freude" folgt, als Haltung und Technik im professionellen Handeln in der Sozialen Arbeit in Erscheinung tritt und wie damit umgegangen wird. Einblicke in empirische Forschungsbefunde liefern Ihnen das unverzichtbare Wissen, wie professionelle Akteure selbst Humor konzeptualisieren, wie Humor bei den Adressatinnen und Adressaten Sozialer Arbeit „ankommt" und auch, welches Humorverständnis die Adressatinnen und Adressaten selbst haben. Sie wissen, dass eine humorvolle Soziale Arbeit nicht nur eine eigenständige Verarbeitungsform der strukturell hohen Belastungen und Anforderungen in der beruflichen Sozialen Arbeit ist, sondern zugleich als Reflexionsmedium und Bewältigungsstrategie fungiert. Sie kennen die spezifische soziale Qualität des Humors, die die Gestaltung von Interaktionen und Hilfeprozessen in der Beziehungsarbeit zwischen Fachkräften der Sozialen Arbeit und Adressatinnen und Adressaten, die häufig in Lebenskrisen stecken, zu unterstützen und fördern vermag. Sie sind sich der hohen Bedeutsamkeit des Humors als großem Beziehungsstifter und professioneller Ressource bewusst, die in der Sozialen Arbeit mehr als bisher gewinnbringend genutzt werden sollte.

Was wäre unser Leben ohne Humor? Ganz klar: Hätten Texte, Geschehen oder Handlungen nicht die Möglichkeit, uns heiter zu stimmen, lustig, witzig, spaßig oder kurios zu sein, uns gute Laune zu machen und Spaß zu bereiten, uns zum Lachen oder wenigstens zum Lächeln oder Schmunzeln zu bringen, wäre vieles langweiliger und schwieriger. Humor spielt in vielen zwischenmenschlichen Interaktionen eine Rolle und hilft uns, schwierige, heraus- und/oder überfordernde Situationen leichter zu bewältigen (etwa nach dem Motto: „Ich nehme es mit Humor") und auch negative Emotionen wie Schuldgefühle, Langeweile, Trauer, Scham, Wut, Ärger oder Zorn zu regulieren (vgl. Stangl, 2021c).

BEISPIEL 3.1:

Freudentränen als ein sogenannter dimorpher (positiver) Emotionsausdruck empfinden wir häufig, wenn mit Freude und Traurigkeit gegenteilige emotionale Reaktionen vermischt werden: intensive Freude über den gegenwärtigen Moment, aber Trauer bei dem Sich-Erinnern an die ausgestandenen Leiden.

Freude und ihre mögliche Begleiterscheinung, das Lachen, gehören zu den komplizierten, zusammengesetzten Emotionen. So kann Freude mit Lust- und Glücksemotionen, Liebe und Stolz kombiniert sein – manchmal aber auch verbunden sein mit negativen Zuschreibungen wie

- Schadenfreude als Freude über das Missgeschick oder Unglück anderer.
- Ironie, bei der das Gesagte das Gegenteil des Gemeinten ausdrückt.
- Sarkasmus, mit dem der eigene Standpunkt als wahr und invariant dargestellt wird, während die Bedeutung für andere kontingent und damit ungewiss bleibt.
- Zynismus, indem ein tragischer, moralisch ernster Gegenstand bewusst und verächtlich banalisiert wird.
- Sadismus als Freude am Zerstören.

Ungeachtet dieser speziellen Formen von Freude wird mit diesem emotionalen Zustand in aller Regel ein ausgeprägt pro-soziales Gefühl verbunden:

> „Menschen empfinden Freude, wenn sie sich mit anderen verbinden, wenn sie in einen positiven Austausch treten und Resonanz erleben, wenn sie zu zweit oder als Gruppe gemeinsam ‚schwingen', sich auf einen gemeinsamen Rhythmus einstellen und damit Kollektivgefühle bestärken. (...) Da der Mensch als ultra-soziales Wesen gilt (...), ist der Austausch von Freude in alltäglichen Interaktionsritualen und außeralltäglichen Riten, das gemeinsame Zelebrieren der Emotion wichtig für das menschliche Sozialleben; die Gemeinschaft, der Sozialverband wird dadurch bestärkt und befestigt." (Bosch, 2019, S. 144)

Wie heißt es so treffend in Redewendungen, die als kognitive Schemata Informationen über Objekte enthalten und uns oft als vorgefertigte Denk- und Handlungsstrategien in Situationen dienen (vgl. Frey, 2017): *„Die Freude lässt das (eigene) Herz höher schlagen"* oder auch: *„Wir sind von Freude erfüllt"*. Aber es gibt auch Mit-Freude als eine Empfindung der Verbundenheit mit anderen: *„Anderen eine Freude machen"* ist aber mitunter nicht nur Ausdruck eines schieren Altruismus, sondern auch eines häufig anzutreffenden Motivs, um selbst Freude empfinden zu können und/oder die eigene Freude noch zu bestärken (*„Geteilte Freude ist doppelte Freude"*).

ÜBUNG 3.1:

Versuchen Sie, sich an eine Situation zurückzuerinnern, in der Sie Freude empfunden haben. Wie nehmen Sie rückblickend Ihre Freude wahr? Wie haben Sie damals Ihre Freude ausgedrückt? Drückt sich Ihre Freude heute auf die gleiche Art aus? Mit welchem mimischen Ausdruck zeigen Sie Freude?

3.1 Charakterisierung von Freude als positives emotionales Befinden mit Humorpotenzial

Freude zählt (neben Lustgefühl, Genusserleben, Zufriedenheit, Glück, Wohlempfinden) zu den Wohlbefindensemotionen und damit zu den als positiv/angenehm bewerteten, erstrebenswerten Emotionen (vgl. Kap. 1.1). Die typischen Gegenbegriffe zur Freude sind Trauer und Leid (*„Des einen Freud, des anderen Leid"*). Kurzum: Man freut sich auf oder über etwas.

Im Weiteren werden wesentliche Befunde aus der Emotionsforschung über die Emotion „Freude" steckbriefartig in einer Phänomenanalyse zusammengetragen. Die Beschreibung und die Spezifität von Freude als Emotion erfolgen auf sechs Ebenen (vgl. Ulich; Mayring, 2003, S. 170 f.; Bosch, 2019):

1. **Allgemeine Kennzeichnung von Freude:** Unter Freude wird ein allgemeines, situationsspezifisches Wohlfühlen verstanden, das im Erlebnishintergrund als handlungsbegleitend wahrgenommen werden kann. Freude kann zu jeder Zeit eintreten, wenn man sich über etwas Positives freut. Eng verknüpft mit Freude sind Vitalität und Lebendigkeit, Selbstbewusstsein, Wachheit, Lachen oder wohl angeborene Formen des Lächelns, ohne dabei durch äußere Motive oder Zwecke geleitet zu sein. Freude zeichnet sich durch eine soziale Funktion

aus, indem sie die Ansprechbarkeit erleichtert, den Aufbau von Beziehungen anzubahnen vermag und zudem sehr mitteilsam im Sinne einer Emotionsansteckung ist. Die Freude tritt häufig in unerwarteten Situationen als Prinzip des Humors (!) auf und dient infolge der Stimulierung kognitiver Entwicklung etwa in Lernprozessen, bei kreativen Problemlösungen, bei der Arbeit oder im Sport. Pointiert formuliert: Wenn wir zwei Dinge wahrnehmen, die nicht zusammenpassen und die wir nicht erwartet haben, dann reagieren wir auf die Umstellung unserer Erwartungsvorstellung mit Freude (= kognitive Inkongruenz).

2. **Das subjektive Erleben von Freude:** Bei Freude wird ein warmes, angenehmes, offenes Wohlbefinden erlebt. Wir fühlen uns sorgenfrei, vital, leicht, entspannt, wollen jubeln; es ist ein Höhepunkterlebnis.

3. **Typische Situationen, in denen Freude auftritt:** Freude hat zwar keinen typischen Auslöser und kann an alle positiven Erlebnisse gebunden sein, dennoch lassen sich typische Situationen identifizieren, in denen sich gefreut wird: das Erleben von etwas Bekanntem oder Vertrautem nach langer Abwesenheit und die Fertigstellung eines kreativen Prozesses, aber auch positive Träumereien können Freude nach sich ziehen. Um Freude erfahren zu können, sollten eine positive sozio-ökonomische Situation (Finanzen, Status) gegeben und damit zugleich die basalen Grundbedürfnisse gedeckt sein. Not und Schmerz sollten somit abwesend sein. Als förderlich haben sich zudem enge Sozialbeziehungen (Freundschaft, Partnerschaft) erwiesen.

4. **Typische kognitive Inhalte von Freude:** Hinter dem Sich-Freuen steht immer eine positive Bewertung eines Gegenstands oder Geschehens. Hinzu kommt bei witziger, humorvoller Freude die Überraschung bzw. Unerwartetheit. In Situationen, in denen Freude verspürt wird, ist die Wahrnehmung positiv gefärbt bzw. wir setzen uns eine rosarote Brille auf.

5. **Forschungsergebnisse über physiologische Korrelate von Freude:** Als spezifische physiologische Veränderungen bei Freude werden zum einen eine erhöhte Herzfrequenz, eine mit dem Lachen zusammenhängende erhöhte Gesichtsmuskelaktivität und unregelmäßige Atmung festgestellt. Zum anderen gibt es Belege über ein allgemeines „Lustzentrum" im Hypothalamus und

über Transmittersubstanzen im Gehirn (z. B. Endorphin), die auf Freude bezogen sind und in der Folge Grundbedürfnisse wie Hunger (Glukosespiegel im Blut) oder Sexualität (Sexualhormone) auslösen.

6. **Typisches Ausdrucksverhalten beim Sich-Freuen:** Als eindeutig und universell identifizierbare Mimik für Freude steht das Lachen (bzw. Lächeln), das in einem Hochziehen der Mundwinkelfalten, einer Wangenanhebung und Straffung der unteren Augenpartie besteht.

ÜBUNG 3.2:

Was ist Ihr Lieblingswort, wenn Sie Freude ausdrücken? (Wow! Cool! Geil! Hm! Super! Heiß! Toll! …) Was meinen Sie: Warum verwenden Sie unter Umständen verschiedene Ausdrücke für unterschiedliche emotionale Empfindungen von Freude?

Es ist nicht leicht, eine Definition zu finden, die all das abdeckt, was Freude zu einer so höchst bedeutsamen Emotion macht und eine Voraussetzung für Humor ist. Gleichwohl sind in der folgenden Arbeitsdefinition wesentliche Erkenntnisse über diese Emotion profund zusammengefügt:

DEFINITION 3.1:

„Die Leichtigkeit der Freude überwindet scheinbar die Schwerkraft des Alltags und beschwerliche Gefühle. (…) Freude ist ein energievoller, doch ausgeglichener Zustand, der Ideen, Inspiration und Handlungsenergien in einem entspannten, leicht angeregten Modus befördern kann, ohne [Emotionen] wie die Angst oder die Wut. (…) Freude ist ein individuell wie kollektiv ausgesprochen wichtiges, basales Gefühl, das Verbundenheit fördert – mit anderen, mit der Welt, mit dem Lebensprozess. (…) Momente der Freude sind die wichtigste Quelle des alltäglichen Wohlbefindens, das darüber hinaus stabile und positive Rahmenbedingungen benötigt. Soziale Routinen und Verlässlichkeit des Soziallebens sind für das Wohlbefinden von Bedeutung." (Bosch, 2019, S. 145 ff.)

3.2 Freude in der Sozialen Arbeit: Gibt es da ernsthaft etwas zu lachen?

Emotionen wie Ärger, Scham, Wut, Schuldgefühle oder eben auch Freude spielen in der Praxis der Sozialen Arbeit selbstverständlich eine wesentliche Rolle, aber trotz dieser Tatsache erfährt die Arbeit an den eigenen Emotionen der Fachkräfte der Sozialen Arbeit und die Arbeit an fremden Emotionen der Adressatinnen und Adressaten gegenwärtig eine zu geringe Aufmerksamkeit in Theorie und Forschung (vgl. Kap. 2). Angesichts dieses Desiderats vermag es nicht zu überraschen, dass in den sozialarbeiterischen und sozialpädagogischen Diskursen auch der Humor und damit eine humorvolle Kultur der „heiteren Dreifaltigkeit: Leichtigkeit, Lockerheit und Lachen" (Kirchmayr, 2010, S. 10), die wie beschrieben eng mit der Emotion der Freude verbunden ist, unbestreitbar und unübersehbar gleichfalls Randthemen darstellen.

Untrügliche Indikatoren für eine solche Einschätzung sind, dass nur wenige empirische Humorstudien vorliegen und diese übereinstimmend zeigen, dass in der Praxis dem Potenzial humorvollen professionellen Handelns zu wenig Beachtung geschenkt wird (vgl. ausführlich Kap. 3.5). Dass das humorvolle Handeln eine wenig genutzte Ressource oder Bewältigungsstrategie in der Sozialen Arbeit ist, ist erklärungsbedürftig, nicht zuletzt, da bereits seit langer Zeit die Auffassung vertreten wird, dass Humor bzw. der Sinn für Humor eine der „wichtigen Kompetenzen" (Effinger, 2008a, S. 9) für Fachkräfte der Sozialen Arbeit darstellt.

Dieses Auseinanderklaffen wird noch unverständlicher, wenn beachtet wird, dass der Humor eine wesentliche Grundlage für eine auf Autonomie ausgerichtete Soziale Arbeit darstellt, um die Balance zwischen dem pädagogisch autonomen Bildungsprojekt und den objektiven Druckmechanismen gesellschaftlicher Integration überhaupt herstellen zu können.

> „Eine (…) an den ‚Realitäten des Lebens' orientierte Autonomie sozialer Arbeit gründet allerdings nur begrenzt in der Autonomie des Verstandes und ebenso sehr in der Autonomie wie der Mitleidensfähigkeit der Gefühle und im Rückgrat im ‚aufrechten Gang'. Und außerdem ist sie nicht erreichbar ohne Humor." (Müller, 2003, S. 269)

BEISPIEL 3.2:

Ein Schlüssel zu mehr Gelassenheit in schwierigen Lebens- und Berufssituationen ist Humor. Humor selbst löst keine Probleme. Mit Humor vermag man aber herausfordernde Krisen im Alltag mit geringerer innerlicher Anspannung zu begegnen. Humor unterstützt dabei, die Dinge aus einer veränderten Einstellung bzw. aus einer inneren Distanz heraus und aus einem anderen, ggf. neuen Blickwinkel zu betrachten. Humor als Krisenbewältigungsinstrument/-strategie eröffnet weitreichende Chancen, neue, bislang unbekannte Lösungswege über sich selbst, seine Eigenarten, über Wertqualitäten und seine Beziehungen zu anderen zu gehen und auf diesem Wege als Subjekt (und nicht als Objekt einer problematischen Lage) selbstständig und entscheidungskompetent, also autonom Handlungsfähigkeit herzustellen (vgl. Schilling; Muderer, 2010, S. 53).

Als Grund für das zurückhaltende Nachdenken über die Funktion von Humor im professionellen Handeln wird wiederholt angeführt, dass Humor und Soziale Arbeit angesichts der gnadenlosen Ernsthaftigkeit des professionellen Handelns in der Sozialen Arbeit einfach nicht zusammenpassen.

ÜBUNG 3.3:

Was meinen Sie? Passt Humor, also Witz, Leichtigkeit, Freude und Spaß, zur Sozialen Arbeit, die Menschen in teils extremen Lebenssituationen und Lebenskrisen unterstützend zur Seite zu stehen hat?

Die Rede ist sogar von einer humorlosen Sozialen Arbeit (vgl. Effinger, 2005). Dahinter verbirgt sich die Frage, ob Humor und damit zugleich das Lachen in der Sozialen Arbeit angesichts der ernsten und schwierigen Kernthemen, Problemfelder und Aufgaben unfein und überhaupt nicht komisch sind.

> „Denkt man an Soziale Arbeit, assoziiert man damit zunächst nicht unbedingt Heiterkeit, Lachen, Spaß und Freude. [Sondern vielmehr] Sozialabbau, schwieriges Klientel, traurige Schicksale, gesellschaftliche Probleme wie Drogen, Wohnungslosigkeit, Kinderarmut, Behin-

derung, häusliche Gewalt und Prostitution als Arbeitsalltag, überschaubare Erfolgserlebnisse, negatives Image in der Bevölkerung – schwere und dazu noch schlecht bezahlte Arbeit." (Rißland, 2008, S. 177)

Stimmt es aber tatsächlich, dass Humor in der Praxis Sozialer Arbeit keine Rolle spielt? Die spärlich vorliegenden Untersuchungen und theoretischen Abhandlungen belegen unisono, dass die Fachkräfte der Sozialen Arbeit keineswegs humorlose, deprimierte Personen sind, die nichts zu lachen haben. Der Humor wird mehr und mehr als Grundlage von Arbeitsbeziehungen, als Instrument zur Bewältigung von Problemen bzw. Krisen sowie als Mittel professioneller Selbstdistanzierung eingesetzt (vgl. Effinger, 2008b; Schulze-Krüdener; Kammers, 2017). Auch wenn das Interesse an der fachlichen Auseinandersetzung mit Humor geweckt ist, bleibt nichtsdestotrotz zu konstatieren, dass der Erkenntnisstand über Humor und Soziale Arbeit bis dato eher dürftig ist.

Unbestritten ist – und dies sei bereits an dieser Stelle den weiteren Ausführungen und Begründungen vorausgeschickt –, dass Humor maßgeblich mit dem persönlichkeitsbedingten kognitiven und emotionalen Stil der Verarbeitung von Situationen bzw. des Lebens zusammenhängt. Dieser Stil wiederum ist abhängig von jeweils individuellen Erfahrungen und Erlebnissen, wobei er anhand des Vermögens charakterisiert ist, auch negativen Situationen Positives abgewinnen zu können, sich nicht aus der Ruhe bringen zu lassen und in schwierigen Situationen mit Erheiterung zu reagieren (vgl. Ruch, 2016, S. 28). In Ergänzung hierzu ist zu betonen, dass Humor als eine personale und soziale Kompetenz keine angeborene Fähigkeit ist, sondern dass er erlernt, geschult und trainiert werden kann. Es kann jedoch sein, dass im biografischen Verlauf der Humor als Ressource beispielsweise durch sozialisationsbedingte Entwicklungen verschüttet wurde und erst durch die intensive Auseinandersetzung mit der eigenen Humorbiografie wiederentdeckt und reaktiviert werden kann.

„Humorvoll ist man nicht unbedingt von Haus aus, aber man kann daran arbeiten, berufliche Griesgrämigkeit durch verarbeitete Erkenntnis und Erfahrung zu relativieren. Humor will allerdings gepflegt werden. Wenn die Folge des analytischen und kritischen Sozialarbeiter-Blickes ist, sich der Absurditäten, Widersprüche und Paradoxien bewußt zu werden, darauf mit Humor und Gleichmut – nicht Gleichgültigkeit – zu reagieren und trotzdem weiterzumachen, dann erst sind wir gute Sozialarbeiter und Sozialarbeiterinnen! Erst dann können wir Optimismus entwickeln (…).“ (Limbrunner, 1995, S. 78)

Humor kann aber keineswegs wie eine Fremdsprache gelernt (und auch nicht im Studium gelehrt) werden. Was aber geschult werden kann, ist die Beobachtungsfähigkeit für den Humor, der „humorvolle Blick“ (vgl. Siebert, 2012, S. 152). Dieser kann durch Übung, mit methodisierten Interventionsstrategien, mit Rückmeldung und Selbstkontrolle entdeckt, gepflegt und entwickelt werden (vgl. Kap. 3.6). Auch die Beschäftigung mit Humortheorien, die den Einsatz von Humor zu begründen hilft, und das Sich-Bewusstmachen, wie Humor wirkt, fördern den Blick für das Humorvolle (vgl. Kap. 3.4). Hinzu kommt als wichtige Größe noch die heitere Gelassenheit aufgrund zunehmender Berufserfahrung.

Humor geht in der Regel mit einer körperlichen Erregung von Freude und Heiterkeit einher und steht für einen Zustand einer humorvollen Person. Fast jeder verfügt über Humor, über einen Sinn für Komik. Die Art des Humors ist Teil und Ausdruck einer Persönlichkeit. Humor als Fähigkeit kann geübt, verfeinert, kultiviert werden.

Humor ist ein Blick für das Komische, das ein Lachen, ein Gefühl der Heiterkeit hervorbringt, wobei Komik, Galgenhumor, schwarzer Humor, Lachen, Lächeln, Ironie und Witz usw. immer auch eine Frage der Perspektive sind.

BEISPIEL 3.3:

Es gibt Alterswitze, Kinderwitze, Zeit-Witze, Fußballwitze, Zoten und Zötchen, politische Witze, Witze über Krankheit und Tod, Beamtenwitze usw. (vgl. Karasek, 2014, 2015). Es gibt aber nicht nur verbale Mittel (z. B. den Witz) als eine Form des aktiven Humors, sondern auch schon bei der Gestaltung des Beratungssettings – um ein Beispiel anzuführen – können witzige, humorfördernde Elemente eingebaut werden. So können die farbliche Gestaltung des

Raums und dessen Ausstattung mit Juxgegenständen oder in Form von witzigen Wandpostern mit Wortspielereien oder Kalauern als nonverbale Mittel „die positiven Kräfte des Humors schon wecken, bevor das erste Wort überhaupt gefallen ist" (Lohmeier, 2018, S. 57).

Kurzum: Witze sind eine häufige Form im (beruflichen) Alltag, um Humor auszudrücken. Aber Humor darf nicht mit dem Produzieren und Verstehen von Witzen gleichgesetzt werden, sondern umfasst mehr als das Erzählen von Witzen. Auch ist Witzigsein oder eine „witzige Art haben" nicht einzig auf Witzeerzählungen beschränkt. Eine humorfördernde, erheiternde und witzige Umgebung vermögen auch „Humorhilfsmittel" wie Gedichte, Karikaturen zeichnen und/oder aufhängen, (Improvisations-)Theater, Musikinstrumente, Slapstick, lustige Filme, witzige Tierfotos, Gegenstände vom Trödler, Spiele, das Engagieren von Clowns u. a. m. zu eröffnen (vgl. Bischofberger, 2008, S. 77 ff.).

Natürlich schadet es aber nicht, in der beruflichen Praxis Witze wiedergeben zu können. Gibt es eigentlich auch Sozialpädagogen- und Sozialarbeiterwitze?

Um Sie nicht unnötig auf die Folter zu spannen, ja, es gibt Witze über diese Berufsgruppen und Sie werden gleich einige kennenlernen (vgl. Beispiel 3.4). Vorab der Hinweis, dass es sich auch bei den Sozialpädagogen- und Sozialarbeiterwitzen gewissermaßen um „wahre Lügen" mit einem „Körnchen Wahrheit" handelt, deren Wirklichkeitskonstruktion nur bedingt etwas mit dem beruflichen Alltag, der erlebten Realität oder den realen Erfahrungen zu tun hat. Sie versuchen vielmehr über Stilmittel der Zuschreibung, Überzeichnung, Projektion, Zuspitzung, absurder und paradoxer Wendungen oder des Klischees, einen relativ komplexen Vorgang auf einen wesentlichen Punkt zu bringen. Mit den im Witz transportierten Bildern wird auf angenommene, unterstellte oder typische Merkmale von Sozialpädagogen und Sozialarbeitern hingewiesen, die Analogien und Assoziationen mit dem eigenen Erleben zulassen und so ggf. eine aufklärerische Funktion im Hinblick auf die Mythen Sozialer Arbeit einnehmen (vgl. Effinger, 2006, S. 45 f.).

BEISPIEL 3.4:

- Wie viele Witze gibt es über die Sozialpädagogen und Sozialarbeiter? – Gar keine. Es ist alles wahr.
- Wer war der erste Sozialarbeiter der Neuzeit? Christoph Kolumbus. Als er losfuhr, wusste er nicht wohin. Als er ankam, wusste er nicht, wie er dahin gekommen war. Als er wieder zu Hause war, konnte er nicht sagen, wo er gewesen war. – Und das alles mit dem Geld anderer Leute.
- Was ist der Unterschied zwischen einem Internisten, einem Chirurgen und einem Sozialarbeiter? Ein Internist weiß alles, kann aber nichts. Ein Chirurg kann alles, weiß aber nichts. Ein Sozialarbeiter kann nichts, weiß nichts, hat aber für alles Verständnis.

Humorvolles Agieren macht uns in vielen Situationen das Leben leichter, es kann der Wahrheit dienen und als professionelles Mittel Distanz zum Problem schaffen, aber auch zum Adressaten und zur Adressatin herstellen – doch manchmal bleibt uns ein Scherz, ein Witz etc. buchstäblich im Halse stecken (vgl. zur Notwendigkeit einer Humoranamnese Kap. 3.5).

Aus einem Witz (und dem Humor im Allgemeinen) kann auch ganz schnell Verletzung, Beschämung, Erniedrigung oder Kleinmachen werden (= verletzender Humor), etwa wenn unterschiedliche Humorkulturen und -verständnisse aufeinander prallen und der Witz (bzw. Humor) unterschiedlich wahrgenommen wird, dieser nicht vom anderen verstanden wird, der andere keinen „Spaß verträgt" oder über eine sensiblere Empfindsamkeitsschwelle verfügt, der andere „zum Narren gehalten wird" oder entwürdigende Geschmacklosigkeiten, Gehässigkeiten und Hinterhältigkeiten unterhalb der humoralen Gürtellinie erfolgen (= negative Aspekte von Humor; vgl. Kap. 3.3). Daraus ist zu schlussfolgern: Der gesendete Humor in einer bestimmten Humorsituation wird nur dann zum kreativen (sozial-)pädagogischen, konstruktiven Humor, wenn er auf die Bandbreite des Humors beim Humorempfänger trifft (vgl. Kassner, 2002, S. 168).

HINWEIS:

Ein Witz ist durch eine spezifische Technik gekennzeichnet und in der Regel in vier Bestandteile gegliedert:

1. „Mit dem Exordium verschafft sich der Sprecher Gehör, kennzeichnet den Text als Witz, fordert die Hörer zu entsprechendem Verhalten auf.
2. Die expositio stellt Witzfiguren und Situation vor und setzt den Rahmen für die weitere Erzählung.
3. Die complicatio lässt die Witzfiguren handeln, (...). Eine Möglichkeit, die Handlung bzw. Rede der Figuren zu interpretieren, wird dabei als scheinbar einzige in den Vordergrund gerückt. Unmerklich wird jedoch eine weitere Deutungsmöglichkeit angelegt.
4. In der Pointe wird der verborgene Doppelsinn plötzlich aufgedeckt." (Euler, 1991, S. 30; vgl. auch Freud 1940/1971, S. 13 ff.)

Der Witz zeichnet sich dadurch aus, dass es mindestens zwei Komponenten gibt, die im Grunde nicht zusammenpassen. Sie lassen einen zunächst so lange im Unklaren, bis die Pointe schließlich die Spannung verblüffend auflöst. Aber keine Frage, es kommt auf viel mehr als die Pointe an. Andere Faktoren spielen mit hinein: Witze wirken am besten, wenn sie von jemandem erzählt werden, der das kann.

Witze sind weitgehend von spezifischen sozialen Situationen unabhängige Kommunikationsformen. Diese Kontextunabhängigkeit ermöglicht es, durch erneutes Erzählen eines Witzes Originalität zu planen und so vorhersehbar geplantes Überraschendes zu produzieren (vgl. Räwel, 2005, S. 113).

Was verraten uns also die im Beispiel 3.4 angeführten Witze über Sozialpädagogen/-pädagoginnen bzw. Sozialarbeiter/-innen und über die Soziale Arbeit? Bestätigen sie Vorurteile, karikieren sie Typisches bzw. Vertrautes, machen sie durch ihre wiederkehrende Art der karikierenden Kennzeichnung die Berufsangehörigen lächerlich oder sind sie wohlwollend, heiter und haben überraschende Pointen? Und wenn es keine Witze über diese Berufsgruppe geben würde, wäre dies nicht wiederum eine

Form der Ausgrenzung? Ist ein Thema erst dann in der Gesellschaft angekommen, wenn man darüber einen Witz machen kann?

ÜBUNG 3.4:

Behindertenwitze: Darf man das? Auf die Einbeziehung von Menschen mit Behinderungen bei Humor zu verzichten, hieße, den vielen Ausgrenzungen noch eine weitere hinzuzufügen. Was meinen Sie: Stimmt es, dass Behindertenwitze Ausdruck von Integration sind? Oder doch eher von Diskriminierung?

Betrachten wir im Weiteren den Humor und seine Bedeutung aus einer theoretischen Perspektive. Auch wenn Humor in der Sozialen Arbeit bis dato eher eine Rarität darstellt und sich (sinnbildlich gesprochen) eher noch im Dornröschenschlaf befindet, liefert ein kurzer Streifzug durch die Reflexionen bedeutender (sozial-)pädagogischer Denker zur Rolle des Humors instruktive Anregungen und wichtige Impulse für die Humordiskussion in der Sozialen Arbeit.

3.3 Zur Bedeutung des Humorvollen oder wann der Spaß aufhört

Das aus dem Lateinischen stammende Wort „Humor" bedeutet im ursprünglichen Sinne Flüssigkeit. Sie erinnern sich: Seine etymologische Entwicklung hin zu seiner heutigen Bedeutung geht zurück bis in die Antike, in der mit humores naturales die vier Körpersäfte (Blut, Schleim, gelbe und schwarze Galle) bezeichnet werden, deren Gleich- oder Ungleichgewicht das Gemüt eines Menschen bestimmen (vgl. Kap. 1.2).

Etwa seit dem 17. Jahrhundert wird der Begriff „humour" in England zur Bezeichnung eines merkwürdigen Verhaltens oder Aussehens einer Person als „komischer Kauz" genutzt, über den gelacht werden darf. Diese eher negative Konnotation von Humor wird im 18. Jahrhundert durch eine positivere Betrachtungsweise ergänzt und Humor seitdem als Fähigkeit eines Menschen verstanden, dem Leben mit heiterer Gelassenheit zu begegnen. Zudem wird Menschen, die in der Lage sind, andere zum Lachen zu bringen und Heiterkeit auszulösen, eine Begabung zugesprochen (vgl. Rißland, 2002, S. 17 ff.).

DEFINITION 3.2:
Heiterkeit ist die gesteigerte, ruhigere, inkorporierte, biografisch konstantere und gelassene Form des Humors.

In Deutschland prägt vor allem der Schriftsteller Jean Paul (1763–1825) mit seiner „Vorschule der Ästhetik" den Humorbegriff, der Humor mit dem Komischen und zugleich einer Grundeinstellung verbindet. Alles müsse humoristisch werden und das Komische und Lächerliche stehen im Gegensatz zum Erhabenen: „Der Humor, als das umgekehrte Erhabene, vernichtet nicht das Einzelne, sondern das Endliche durch den Kontrast mit der Idee." (Jean Paul, 1962, zit. n. Preisendanz, 1974, S. 1233) Kurzum: Durch einen Wechsel der Perspektive eröffnet sich das kreative Potenzial, das im Lachen, in der Komik und im Humor steckt. Mithilfe von Humor wird etwas in Bewegung gesetzt und verhindert, dass etwas zu trocken, zu starr oder zu sachlich wird. Humor selbst löst zwar keine Probleme, ermöglicht jedoch eine veränderte Einstellung zu diesen und eröffnet so neue Problemlösungshilfen.

Humor bedeutet somit die Fähigkeit und Bereitschaft, über einen Blick für das Komische zu verfügen, auf gewisse Dinge heiter und gelassen zu reagieren, und wird mit Freude oder Lachen verbunden. Diesem Verständnis entsprechend ist Humor „ein Blick für das Komische, das ein Lachen, ein Gefühl der Heiterkeit hervorruft" (Siebert, 2012, S. 8) oder „die Fähigkeit, das Komische wahrzunehmen" (Kast, 2016, S. 110). Immanuel Kant schreibt hierzu in seiner „Kritik der Urteilskraft" (1790/2005, S. 28), die Natur habe dem Menschen in seinem bedrängten Dasein drei Erleichterungen gegönnt: die Hoffnung, den Schlaf und das Lachen:

> „Tatsächlich ist der Mensch das einzige Lebewesen, das wahrhaft lachen kann. Er begnügt sich nicht mit spontan auftretenden Konstellationen, die sein Gelächter provozieren. Er erfindet selbst Witze und Scherze aller Art, die von Mund zu Mund gehen und als Quelle der Belustigung dienen. Auf höherer geistiger Ebene schafft er humorvolle Literatur, wobei die Komödie seit den Griechen der Antike eine besondere Gunst des Theaterpublikums genießt. Wenn man gesellig zusammensitzt, erheitern oft witzige Bemerkungen die Runde, und der Humorist gilt als exquisite Bereicherung des sozialen Lebens." (Rattner; Danzer, 2008, S. 299)

Die obigen Aussagen weisen darauf hin, dass zwischen Humor und Komik zu unterscheiden ist: Komik ist

> „vor allem als eine intellektuelle Leistung zu verstehen, als eine Inszenierung des Verstandes, als eine rationale Konstruktion. Komik macht man im Gegensatz zum Humor, der sehr viel mit Gefühl, mit Gemüt zu tun hat, mit der Disposition der Gestimmtheit. Man könnte sagen: Komik macht man, humorvoll ist man" (Bachmaier, 2008, S. 5).

Das Komische ist in Kenntnis dieser Differenz die Abweichung vom Normalen, der Mensch ist heiter und freut sich, er hat Humor (vgl. Siebert, 2012, S. 16 f.). Während Humor stark an den jeweiligen Menschen gebunden ist, kann demgegenüber Komik entweder konstruiert werden, um andere Menschen zum Lachen zu bringen oder aber sich im Sinne von Situationskomik ergeben (vgl. Schilling; Muderer, 2010, S. 52).

> **!** Komik entsteht und wird dargestellt, ggf. inszeniert. Witze macht man und Humor hat man.

Stand in den bisherigen Ausführungen die positive Bedeutung von Humor im Zentrum, sollen nun die negativen Seiten des Humors (und damit auch des Witzes) beleuchtet werden. So kann Humor zum Beispiel genutzt werden, um

- Statusdifferenzen gegenüber anderen ostentativ zu untermauern und so Hierarchien zu unterstützen, persönliche Ziele durchzusetzen etc. (= Humor als Ausdruck sozialer Position) (vgl. Schreiner, 2003, S. 160),
- Sympathie oder Antipathie gegen andere auszudrücken (= Humor als Nähe-Distanz-Regulatorium) (vgl. Schreiner, 2003, S. 160),
- verbal (Spotten, Höhnen etc.) oder aktional (Streiche spielen, Bloßstellen, Beschämen usw.) Stress bei anderen zu erzeugen, indem der Humor z. B. – wenn nicht sogar *der* – Ausdruck für Mobbing ist (= Humor als Machtinstrument) (vgl. Hausendorf, 2019, S. 93),
- unter einem scheinbar humorigen Deckmantel Macht auf Kosten anderer auszuüben (= Humor als Waffe) (vgl. Rißland, 2002, S. 35 f.),
- sich mit eigenen Unzulänglichkeiten abzufinden und ggf. jede Tat durch eine humorvolle Darstellung bis hin zum überzogenen Klamauk zu entschuldigen (= Humor als Gegner des Ernstes) (vgl. Rißland, 2002, S. 37 f.).

Wood et al. (2009) bringen die diversen negativen (verletzenden, feindseligen etc.) Aspekte von Humor prägnant auf den Punkt:

> „In summary, although the current state of evidence is more suggestive than conclusive, negative humor has the potential to be a dysfunctional form of organizational behavior that is related to health risk behaviors, unproductive cultural norms, exclusion of individuales from groups, maintenance of status differentials and negative team cultures." (Wood et al., 2009, S. 227)

3.3.1 Humor aus Sicht pädagogischer Klassiker

Viele „Klassiker der Pädagogik" des 20. Jahrhunderts haben dem Humor Aufmerksamkeit geschenkt. Als einer der ersten hat Herman Nohl (1879–1960) in „Die pädagogische Bewegung in Deutschland und ihre Theorie" (1933/1988) die Bedeutung des erzieherischen Humors herausgestellt und betont, dass ein humorloser Mensch zur „Erzieherexistenz" völlig ungeeignet ist. Für Nohl ist der Humor ein essenzielles Moment im „Wesen des Erziehers" und eine selbstkritische Komponente der Berufsethik. Die Persönlichkeit des Erziehers ist somit entscheidend. Mit dem Humor erhebt sich der Erziehende über die Zwänge der Erziehungsrealität und nimmt sich deshalb in seinem Handeln zurück. Der Humor befreit somit vom „falschen Größenmaßstab" und „von der Gebundenheit an den Moment" (Nohl, 1947, S. 77). Es lohnt sich an dieser Stelle, diesen sozialpädagogischen Wegbereiter etwas ausführlicher zu Wort kommen zu lassen:

> „Gegen die Pedanterie der Methode ist das beste Mittel der Humor. (...) Viele haben das Pathos ihres Berufs, aber wenige seinen Humor, das gelte für alle Berufe, aber besonders für den Lehrer. Wie wir den Humor als ein Element im Wesen der Bildung fanden, so gehört er auch in die Bildnerpersönlichkeit. Die Fröhlichkeit der Kinder ist das Kriterium jeder gelungenen pädagogischen Leistung. (...) Die eigentliche Erzieherkrankheit ist der pedantische Ernst, das ewige Schelten oder die pharisäische Kritik, die immer Recht hat. Wo der Humor des Berufs vorhanden ist, da wird man auch die eigene Erzieherexistenz nicht so gewaltig ernst nehmen, weil man weiß, wie groß doch auch hier das Missverhältnis ist zwischen dem, was man predigt, und dem, was man selber ist." (Nohl, 1935/1988, S. 193 f.)

Otto Friedrich Bollnow (1903–1991) greift in seinem Werk „Die pädagogische Atmosphäre" (1968) die Überlegungen von Nohl auf und verortet den Humor (neben der Heiterkeit und der Güte) als „Grundhaltung des reifen Erziehers" (S. 67) und als höchst bedeutsam für die pädagogische Atmosphäre. Der erzieherische Humor bricht „dem Angriff die Spitze ab und ist meist imstande, mit leichter Hand alles wieder einzurenken" (S. 69). Auch hier ist es lohnenswert, die Ausführungen zum Humor im Originaltext zu lesen:

> „Ich meine hier nur die besondere Form des erzieherischen Humors, der sein eignes Wesen hat und sich von jenen andern Formen deutlich unterscheidet. (...) Humor bedeutet in der erzieherischen Perspektive die Fähigkeit, die kleinen Kümmernisse des Kindes aus einer gewissen Überlegenheit zu sehen und sie so leicht zu nehmen. Denn würde der Erzieher jedes Leid, das dem Kind so unendlich und nicht mehr zu ertragen scheint, ebenso schwer nehmen wie dieses, so könnte er gar nicht mehr in der rechten Weise helfen. Er befände sich mit dem Kind in derselben Situation, wäre in der gleichen Weise wie dieses in ihr befangen. Durch den Humor dagegen löst der Erzieher die Spannung. Er nimmt das Schwere nicht in der gleichen Weise ernst, bagatellisiert es also und verschafft damit auch dem Kind die Möglichkeit, sich innerlich darüber zu erheben. Das heißt ganz gewiß nicht, dass der Erzieher abgestumpft und gleichgültig wäre." (Bollnow, 1968, S. 67 f.)

Durch den erzieherischen Humor wird also versucht, die Spannung zwischen realistischem und idealem Sehen zu lösen, und dies bedeutet in der Konsequenz die Fähigkeit, „im Humor die Spannungsverhältnisse des pädagogischen Erlebens sowohl im Hinblick auf ein Bildungsideal als auch auf die Einheit der Gestalt des Zu-Erziehenden auszuhalten" (Wolff, 1983, S. 179). In Ergänzung hierzu heißt es in der „Einführung in die theoretische Pädagogik" (1969) von Martinus J. Langeveld (1905–1989):

> „In seinem Humor (nicht in der giftigen Form von Sarkasmus und Hohn) besitzt der Erzieher eine der kostbarsten Waffen gegen das Fehlschlagen der Erziehung – freilich nicht auch ohne weiteres das Mittel zum Erfolg. Wer Humor besitzt, kennt seine eigenen Grenzen, seine unvermeidlichen Unzulänglichkeiten, er weiß, die Dinge in ihrer Relativität zu sehen. Er leidet nicht an Pedanterie, die stets auf der Lauer nach Übertretungen der Vorschriften liegt, nicht an jenem Bremskoller mancher Autobus-Chauffeure, die wie auf Schienen fahren wollen. In

> sein Verhalten kommt Auflockerung, seine Nachdrücklichkeit wird elastischer. Er nimmt Fehler und Irrtümer leichter zurück, er ist nicht vor Bloßstellung bange." (Langeveldt, 1969, S. 158 f.)

Wenn wir ein Fazit ziehen über all das, was bisher zu den „Klassikern der Pädagogik" ausgeführt wurde, bleibt festzuhalten:

> **!** Der Humor ist eine soziale Tatsache. Der (Sinn für) Humor wird als konstitutives Merkmal der Persönlichkeit des Erziehenden ausgemacht und es wird auf didaktische Implikationen von Humor verwiesen. Der Humor wird zunächst primär als anthropologische Grundhaltung behandelt und auf das Selbstbild des Erziehenden bezogen. In einem späteren (Erkenntnis-)Schritt wird der Humor als Grundhaltung „des reifen Erziehenden" behandelt und vom erzieherischen Humor gesprochen, der sein eigenes Wesen hat. Humor ist das „Salz in der Erziehung" und für die Bewältigung der pädagogischen Handlungsanforderungen unverzichtbar.

3.3.2 Warum wir lachen

Humor ist ein im allgemeinen und auch im wissenschaftlichen Sprachgebrauch unscharf und uneinheitlich verwendeter Begriff. Was aber ist Humor und warum lachen wir? Die Begriffe und Vorstellungen, die mit Humor verbunden sind, sind vielfältig. Im allgemeinsten Sinne lässt sich jedoch festhalten:

> „Wir sehen Humor als jede durch eine Handlung, durch Sprechen, durch Schreiben, durch Bilder oder durch Musik übertragene Botschaft, die darauf abzielt, ein Lächeln oder ein Lachen hervorzurufen." (Bremmer; Roodenburg, 1999, S. 9)

Ist Humor somit eine „Quelle, aus der das Lachen sprudelt" (Gruntz-Stoll, 2001, S. 19)? Worüber lachen Menschen? Warum lachen sie und warum vergeht ihnen manchmal das Lachen? Steckt Lachen wirklich an? Wo ist die Grenze zwischen anlachen und auslachen? Warum lacht am besten, wer zuletzt lacht? Oder gilt nicht doch eher: Wer zuletzt lacht, hat schon eine Menge verpasst?

Lachen als eine körperliche Reaktion wird nicht einzig durch bewusst eingesetzten Humor hervorgerufen, sondern Lachen ist zunächst einmal (wie bereits oben aufgezeigt) eine anthropologische Konstante und insofern eine zentrale menschliche Fähigkeit:

> „Das menschliche Leben, wo immer es gelebt wird, lässt Raum für Erholung und Lachen. (…) Lachen und Spielen gehören häufig zu den tiefsten und auch ersten Momenten unseres gegenseitigen Erkennens." (Nussbaum, 1999, S. 195)

Es gibt also viele Gründe, warum Menschen lachen; so z. B. als Ausdruck der bloßen Freude am Spiel, am Spiel mit freien Möglichkeiten. Dann gibt es ein Lachen als weitere physiologische Ausdruckshandlung der Herabsetzung von anderen, der Selbstheraufsetzung und auch des Widerstands. Es gibt weiterhin ein Lachen, um andere auszugrenzen und sie zu zwingen, die eigenen Normen zu akzeptieren. Lachen hat sicher auch etwas mit Macht zu tun; Frustrationen können damit kompensiert werden (vgl. Bachmaier, 2008, S. 9). Neben der Freude am Spiel (mit freien Möglichkeiten) gibt es auch „verlegenes Lachen, unterwürfiges Lächeln, gequältes oder hämisches Lachen und sogar Lachen als Ausdruck epileptischer Anfälle" (Wild, 2016a, S. 4). Und vergessen wir nicht: Lachen hat auch ein physiologisches Potenzial, denn Lachen ist gesund. Die Gelotologie bzw. Lachforschung weist nach, dass Humorreaktionen das Immunsystem beeinflussen, dass Lachen u. a. Schmerz reduzieren, Stressabbau fördern oder dazu beitragen kann, den Blutdruck zu senken (vgl. Hülshoff, 2012, S. 44 ff.; Wild, 2016b, S. 59 ff.). Auf eine Kurzformel gebracht: Das Lachen hat viele Auslöser und vermag vieles zu bewirken.

BEISPIEL 3.5:

„Da ist zuerst das unschuldige *Babylächeln* und *Kinderlachen*, das einer freudigen Übereinstimmung mit der Welt zu entspringen scheint – völlig aggressionslos. Anscheinend ein Ausdruck von Freude, z. B. Wiedersehensfreude (z. B. nach Trennung oder beim Kuckucksspiel).

Oder ist es eine kathartische *Übersprungshandlung* bei Überraschung oder Schreck?

Auch beim *Schämen und Genieren* finden wir ein scheues, verlegenes Lächeln, das in diesem Fall wohl beschwichtigend wirken soll. (...)

Und dann der *Wahnsinn*: das unmotivierte Lachen am Grab und wo auch immer, die hebephrene, grinsende Pseudofreude.

Und das *hysterische Lachen*: übertrieben, unangemessen, ein wenig gekünstelt und verkrampft.

Das *Schocklachen*, z. B. nach einem Autounfall oder bei einem Luftangriff.

Und dann wieder das *berstende, explosive Lachen* bei einem Witz oder Missgeschick.

Das feinsinnige Lächeln und Grinsen im *Humor*.

Das Lächeln oder gar Lachen als *Begrüßungs-, Bitt-, Bettel- und Beschwichtigungsgeste*.

Das *Belächeln* als Ausdruck von Geringschätzung.

Das *alberne Lachen* als Ventil positiver Erregungszustände." (Rost, 2001, S. 434)

Welche Reaktion Humor hervorruft, wird von mannigfachen Faktoren beeinflusst:

> „Ob ein Mensch in einer bestimmten Situation mit Lächeln oder Lachen reagiert, hängt von dem Zusammenwirken vieler Faktoren ab, zum Beispiel vom jeweiligen sozialen Kontext, den spezifischen Merkmalen der entsprechenden Reizkonstellationen, den individuellen Einstellungen und der aktuellen Stimmungslage." (Titze; Eschenröder, 1988, S. 53 f.)

Deshalb ist es wichtig, zu ergründen, wieso ein Mensch lächelt oder lacht, um situationsangemessen reagieren zu können. Stellvertretend für das Gemeinte soll an dieser Stelle beispielhaft auf die tiefgründigen geschlechtsspezifischen Unterschiede von Humor-Interaktionen zwischen den Geschlechtern (hier: Jungen/Mädchen) verwiesen werden:

> „Danach favorisieren Jungen Humor vornehmlich in gegenseitigen Beziehungen, während Mädchen in nicht genannten und Kontrastbeziehungen durch Humor Kontakt anzubahnen versuchen. Dabei bevorzugen sie Necken und Streiche, Jungen dagegen Witzeln und Quatsch. Humor erfüllt damit in Jungen- oder Mädchen-Interaktionen unterschiedliche Funktionen. Jungen ziehen in ihren Freundschaften offenkundig widersetzlichen Humor, Mädchen hin-

gegen koordinativ-stimmige Gespräche vor. Während Humor zwischen Mädchen durch Uneinfühlsamkeiten Probleme schafft, verübeln Jungen einander häufiger Selbstdarstellung." (Bönsch-Kauke, 2003, S. 272 f.)

Wesentlich ist, dass Humor nicht in Spott, Ironie, Sarkasmus oder Zynismus umschlagen darf, sondern als Gabe von der Güte gegenüber den Adressatinnen und Adressaten getragen sein muss (vgl. Aßmann; Krüger, 2011). „Pedanterie und Grundsätzlichkeit, Prestigesucht und Machtanspruch, Empfindlichkeit und Kränkbarkeit sind Feinde des Humors." (Lersch, 1946) Es gilt aber zu beachten: „Lachen und Verlachen, Witz und Ironie, Scherz und Sarkasmus liegen nahe beieinander und die Grenzen sind fließend." (Gruntz-Stoll, 2001, S. 64)

Der Humor will nicht lächerlich machen, sondern er will lächeln(d) machen.

Kommen wir nun zum Umstand, dass der Humor nicht einzig vom Überraschungseffekt, sondern auch vom Tabubruch und der Grenzüberschreitung lebt und dadurch auch immer in doppelter Weise respektlos ist:

Humor „wahrt den Respekt gegenüber Menschen, verhält sich aber gleichzeitig respektlos gegenüber Ideen, Vorurteilen, Selbstverständlichkeiten und Konventionen. Als humorvoll kann gelten, wer respektlos mit den eigenen Schwächen, Vorlieben und Überzeugungen umgeht. Dem Humor ist nichts heilig, außer dem Menschen selbst" (Turek, 2008, S. 191).

Sprache und gerade auch Sprachspielen kommt hierbei eine herausragende Rolle zu: „Humor jongliert mit der Sprache und entdeckt dadurch neue Kommunikationsmöglichkeiten. Die Sprache des Humors enthüllt und verschleiert zugleich. Humor ist die Sprache des augenzwinkernden Einverständnisses." (Siebert, 2003, S. 13 f.). Dies vermag zu erklären, dass Humor in erster Linie etwas „mit Denken, mit etwas erfassen, etwas verstehen zu tun" hat (Papousek, 2008, S. 87).

> **!** Das Lachen ist die Sprache des Körpers und der Humor die Sprache des Verstandes.

Des Weiteren ist zu beachten, dass Humor viel mit Macht(spiel), Geschlechterrollen und auch dem Lebensalter zu tun hat. Nicht jedem kommt in jeder Situation das Recht zu, dieselbe durch Witz und Humor zu verändern. Sich trotzdem das Recht zu nehmen, kommt einem Akt der Subversion der Hierarchie gleich:

> „Die Zeiten, in denen auch der ärmlichste Scherz aus männlichem Munde sich eines Lacherfolgs zumindest bei Frauen sicher sein konnte, scheinen vorbei zu sein. An einem Teil der Männer ging die Gesprächssensibilisierung, welche die Frauenbewegung betrieben hat, ebenfalls nicht spurlos vorbei. Viele Männer haben zwischen abwertendem Witz und Scherz und einem Humor, der nicht nur nach unten tritt und nach oben buckelt, unterscheiden gelernt. Manche konnten das schon immer. Heute sind bezüglich der Lachkulturen und der Geschlechterverhältnisse starke milieuspezifische Unterschiede feststellbar. Es gibt Kreise, in denen nach wie vor die Herren das Wort führen, auch das vermeintlich witzige; es gibt aber auch Kreise, in denen die Asymmetrie zwischen den Geschlechtern abgebaut wurde und nicht mehr durch den Humor zum Ausdruck kommt. Die Frauen und Männer unterlaufen geradezu in ihrem Humor Geschlechterstereotype, indem Männer z. B. auch auf eigene Kosten witzige Geschichten erzählen und Frauen im Scherz mitunter recht aggressive Tendenzen zeigen können. Im Scherz kann mit Normen des Patriarchats auch gespielt werden." (Kotthoff, 1996, S. 18)

Von zentraler Wichtigkeit für das Verständnis des Phänomens Humor ist weiter, dass dieser in den „unterschiedlichen Lebensphasen unterschiedlich verstanden, erzeugt und verwendet (wird). Bei jüngeren Menschen scheint er eher soziale Funktionen zu erfüllen, während bei älteren der Stressbewältigungsaspekt immer mehr in den Vordergrund rückt" (Falkenberg, 2010, S. 29). Begründen lässt sich dieser Umstand folgendermaßen: Humor und Lachen sind komplex gesteuerte Vorgänge innerhalb der sozialen Interaktion und der menschlichen Kommunikation. Voraussetzung hierfür ist das Zusammenspiel mannigfacher mentaler Funktionen, bei dem kognitive Prozesse (= Wahrnehmung, Sprachverarbeitung, Problemlösefähigkeiten, Kreativität etc.) und emotionale, soziale und Kommunikationsvorgänge maßgeblich beteiligt sind. Da die Funktion und Verwendung des Humors wesentlich von den jeweiligen kognitiven, sprachlichen und sozialen Fähigkeiten beeinflusst sind, ergibt sich die Abhängigkeit der Humorentwicklung im Verlauf der Lebensalter (vgl. Wicki, 2000; Falkenberg, 2010). In der Konsequenz bedeutet dies u.a., dass jede Altersstufe ihren eigenen Humor besitzt und Erwachsene und Kinder erst sehr spät wirklich über dasselbe zusammen lachen können. Ein anderes Beispiel: Um witzig zu sein, bedarf es der Erfahrungen des Erwachsenenlebens, wozu stets gut entwickelte sprachliche Fähigkeiten gehören.

Fassen wir zusammen: Humor als ein Lebensgefühl bzw. als eine Grundeinstellung zu „Welt und Leben", die eine innere Distanz zum Leben benötigt, lässt sich als eine heiter-gelassene Weltsicht, die das Über-sich-selbst-Lachen-Können beinhaltet, beschreiben: „Der Humor sieht also einerseits im Kleinen das Große, im Schlechten das Gute, andererseits aber auch im Großen das Kleine und im Guten das Schlechte." (Müller, 1973, S. 54)

In diesem Verständnis wird Humor als eine persönliche, menschliche Haltung und Grundeinstellung verstanden. Effinger (2005, S. 15) definiert einen solchen Humor „als komischen Sinn, der eine dem Leben zugewandte Haltung kennzeichnet." Mit einem humorvollen Umgang gehen auch Optimismus, Gelassenheit und Toleranz einher, die für das pädagogische Handeln wichtig und hilfreich sind. Humor als Wortfeld (für Witz, Komik, Heiterkeit, fröhliche Einstellung zum Leben) und damit mitsamt seinen Einsatzmöglichkeiten von humorvoller Zuspitzung, Irritation über Provokation bis hin zur Übertreibung ist eine positive Grundeinstellung, die als Gegengewicht, Perspektiven- bzw. Paradigmenwechsel oder gewisse Distanzierung zu den diversen Herausforderungen, Belastungen, Problemen und Krisen im Lebenslauf, beruflicher Praxis etc. fungiert. Wohlwollender, nicht abwertender, positiver Humor lebt nicht nur in der Sozialen Arbeit von Mehrdeutigkeiten, Widersprüchen oder auch dem Unerwarteten. Durch den Humor lassen sich Tabus brechen und Grenzen überschreiten, aber auch Probleme und Krisen relativieren.

> „Humor lebt von den Widersprüchen des Lebens, von Enttäuschungen, Niederlagen, Konflikten, Problemen. Der humorvolle Mensch nimmt sich Zeit, auf Distanz dazu zu gehen. Durch einen Scherz, ein Lachen verschafft er sich Raum und Zeit, sich nicht von den Problemen erdrücken zu lassen, sondern seinem Optimismus eine Chance zu geben, die Situation

> zu relativieren. Dadurch eröffnet sich für ihn die Möglichkeit, Herr der Lage zu bleiben. Durch Schwierigkeiten ist das seelische Gleichgewicht eines Menschen gestört. In seiner Reaktion versucht er dieses Gleichgewicht wiederherzustellen. Hierbei bietet der Humor seine hilfreiche Unterstützung." (Schilling; Muderer, 2010, S. 53)

In dieser Perspektive ist Humor eine Haltung im Umgang mit Widrigkeiten und ggf. auch eigenen Unzulänglichkeiten, verbunden mit Optimismus, und somit eine

> „potenziell kreative Einstellung zum Leben – eine Einstellung, die das Leben liebt, trotz allem, was schwierig ist. Auch wenn wir lachen, kann es trotzdem um Ernstes gehen. Der Humor kann bei aller Heiterkeit seinen eigenen Ernst haben und ist dann meistens verbunden mit einer wichtigen Einsicht" (Kast, 2016, S. 111).

Hinzu kommt, dass Humor als Haltung zu betrachten ist, die Menschen verbindet, was letztlich zur humorvollen Gelassenheit führt:

> „Gelassenheit beinhaltet ein Zulassen der Andersartigkeit, auch eine Geduld mit sich und den anderen. Aus einer solchen Gelassenheit erwächst Selbstsicherheit, d. h. das Gefühl, auch mit zukünftigen schwierigen Situationen zurecht zu kommen." (Siebert, 2003, S. 74)

Auf diese Weise kann Humor eine bildende Wirkung haben, weil er die Perspektivenvielfalt vergrößert, weil er verdeutlicht, dass die Welt und das Leben auch anders betrachtet werden können. Humor relativiert unbegründete Wahrheitsansprüche und arrogante Besserwisserei. Humor vermag Überheblichkeiten und Dogmatismus zu entlarven (vgl. Siebert, 2012, S. 149).

! Humor ist Ausdruck einer inneren Einstellung, also eine hinter dem sichtbaren, humorvollen Verhalten verborgene Haltung.

Das Gesagte zusammenfassend lässt sich Humor folgendermaßen (gleichsam heuristisch für das Verständnis in diesem Studienbuch) definieren:

DEFINITION 3.3:

„Humor umfasst (…) ein Bündel von komplexen Verhaltensweisen: Das Verstehen von und die Freude an Witzen gehört dazu, aber auch zu wissen, wann und wem man welchen Witz erzählen kann, genauso wie die Fähigkeit, spielerisch zu sein, Blödsinn und Komik zu mögen, über sich selbst lachen zu können, andere zum Lachen zu bringen, mit witzigen oder komischen Bemerkungen soziale Situationen zu regulieren und auch widrigen Umständen mit einer heiteren Gelassenheit zu begegnen." (Wild, 2016c, S. 338)

3.4 Humor ist nicht gleich Humor! Einblicke in Humortheorien

Bis heute existieren verschiedene Humortheorien, die im Weiteren vorgestellt werden und deren Kenntnis dazu beiträgt zu verstehen, was Humor eigentlich ist. Wollte man alle Theorien über Humor rekapitulieren, stünde man vor einer gewaltigen Aufgabe. Das kann nicht Anliegen der folgenden Darstellung sein. In einer groben Systematik lassen sich vier theoretische Erklärungen der Funktion von Humor unterscheiden, die aber nicht durchgängig trennscharf sind und sich überschneiden (vgl. Titze; Eschenröder, 1998, S. 53):

- Psychophysiologische Theorien befassen sich vor allem mit den körperlichen Auswirkungen des Lachens.
- Überlegenheits- bzw. Aggressionstheorien basieren auf der Annahme, dass all das, was als humorvoll empfunden wird, aggressiver Natur ist.
- Sozialtheorien beziehen sich auf den sozialen Kontext und die sozialen Auswirkungen der Humorreaktion.
- Inkongruenztheorien konzentrieren sich auf die besonderen Merkmale des Reizmaterials, das Erheiterung auslöst, und beschreiben die kognitive Verarbeitung dieser Informationen.

Im Weiteren wird das Spektrum dieser vier klassischen Humortheoriegruppen skizziert:

Psychophysiologische Humortheorien beschäftigen sich mit der spannungsreduzierenden Wirkung des Humors und damit seiner kompensatorischen, entlastenden und entspannenden Funktion gerade auch durch das Lachen: „Humor als Ventil zum Abbau sowohl physischer als auch psychischer Energie und Spannungszustände" (Dumbs, 2002, S. 23). Mit dem Lachen wird subjektiv das Gefühl der Entspannung, Erleichterung oder Befreiung verbunden. Die kathartische Befreiung kann dabei kognitiver Art sein (= Flucht vor Realität und Rationalität), sich auf der emotionalen Ebene abspielen (= Befreiung von Ängsten, Wut, Scham oder sozialen Konflikten) oder die Form einer physischen Entladung überschüssiger oder sogenannter nervöser Energie annehmen (vgl. Robinson, 2002, S. 21).

Einer der prominentesten Vertreter der Theorien der Spannungsreduktion ist Sigmund Freud. Folgendes Zitat charakterisiert präzise sein Verständnis von Humor:

> „Der Humor hat nicht nur etwas Befreiendes wie der Witz und die Komik, sondern auch etwas Großartiges und Erhebendes, welche Züge an den beiden anderen Arten des Lustgewinns aus intellektueller Tätigkeit nicht gefunden werden. Das Großartige liegt offenbar im Triumph des Narzißmus, in der siegreich behaupteten Unverletzlichkeit des Ichs. Das Ich verweigert es, sich durch die Veranlassungen aus der Realität kränken, zum Leiden nötigen zu lassen, es beharrt dabei, daß ihm die Traumen der Außenwelt nicht nahegehen können, ja es zeigt, daß sie ihm nur Anlässe zum Lustgewinn sind." (Freud, 1927/1992, S. 254)

Mit dieser Aussage betont Freud den Humor als Bewältigungsstrategie, die maßgeblich in der Abreaktion von geistiger, nervöser oder allgemein psychischer Energie zum Lustgewinn im Humor führt. Nach Freud zielen Witz, Komik und Humor in jeweils unterschiedlicher Weise auf eine psychische Aufwandsersparnis und mithin auf einen Lustgewinn ab: Der Witz ist ein ersparter Hemmungsaufwand, die Komik ersparter Vorstellungsaufwand und der Humor ersparter Gefühlsaufwand (vgl. Freud, 1940/1971, S. 192 f.).

Ziel des Humors ist in dieser Perspektive somit nicht das herzhafte Lachen, sondern die Absicht, sich über die Dinge zu erheben. Humor bietet insofern die Möglichkeit, sich auf sozial akzeptierte Weise über kulturelle, konventionelle, logische Normen, Zwänge oder Rituale hinwegzusetzen. Humor ermöglicht Entlastung vom Realitätsprinzip und von der im Alltag geforderten Vernunft. Normalerweise der

Kontrolle unterliegende sexuelle oder aggressive Impulse können im Humor ohne Sanktionen Dritter bzw. ungestraft ausgelebt werden (vgl. Frings, 1996, S. 42 f.).

Der zweite theoretische Erklärungsansatz von Humor sind die **Überlegenheits- bzw. Aggressionstheorien**. Diese basieren auf der Annahme, dass die Basis all dessen, was als humorvoll oder komisch empfunden wird, aggressiver Natur ist. Ihren einflussreichsten Befürworter hat die Überlegenheitstheorie in der von Thomas Hobbes verfassten Schrift „Vom Menschen" (1658), in der der Humor und damit zugleich das Lachen als ein Akt der „Selbst-Affirmation" und als Triumph über andere definiert wird:

> „Allgemein ist das Lachen das plötzliche Gefühl der eigenen Überlegenheit angesichts fremder Fehler. Hierbei ist die Plötzlichkeit wohl erforderlich, denn man lacht über dieselben Dinge oder Scherze nicht wiederholt. Fehler bei Freunden und Verwandten reizen nicht zum Lachen, da hier Fehler nicht als fremde empfunden werden. Zur Entstehung des Lachens ist also dreierlei erforderlich: daß überhaupt ein Fehler empfunden wird, dieser ein fremder ist und die Empfindung plötzlich eintritt." (Hobbes, 1658/2005, S. 16 f.)

Die Überlegenheitstheorien gehen also davon aus, dass das Lachen als Ausdruck von Überlegenheitsgefühlen gegenüber der Schwäche eines anderen auftritt und es um asymmetrische Formen des Heraufsetzens und des Herabsetzens geht (etwa in Form von Sarkasmus oder Zynismus). Im Kern geht es um die Frage, „wie man Humor in sozialen Beziehungen als Waffe der Beschämung und Abwertung gegen andere, aber auch als Kritik an gesellschaftlichen Zuständen, z. B. als Satire, nutzen und sich auf Kosten anderer lustig machen kann, in dem man diese als fehlerhaft, defizitär, widersprüchlich und unglaubwürdig erniedrigt" (Effinger, 2008b, S. 31). Konkret: Ein Überlegener lacht herablassend über einen Unterlegenen und zielt darauf ab, den anderen herabzusetzen, um sich selbst heraufzusetzen.

Trotz aller berechtigten Kritik an dieser Theoriegruppe darf aber nicht aus dem Blick geraten, dass ein aggressives Potenzial von Humor in bestimmten Situationen im Verständnis eines psychohygienischen Ausgleichs positiv wirken kann, denn dieser kann befreiend sein, Aggressionen abbauen, ein Stück weit zur Entzauberung der Situation beitragen und (Über-)Spannungen lösen helfen: „Aggression kann (…) durchaus lebenswichtig sein. So haben aggressive Witze gegen Diktatoren eine wichtige psychohygienische Funktion." (Siebert, 2003, S. 64) Der Humor erlaubt zudem,

Einstellungen zu kommunizieren und sich dabei gleichzeitig die Option offenzuhalten, sie zurückzuziehen.

Auch Gefühle der Überlegenheit können – unter der Prämisse, sie richten sich nicht gegen andere – für die Verwendung von Humor von großer Bedeutung sein, denn damit ist auch die Fähigkeit gemeint, „über sich selbst lachen zu können, sich also über eigene Schwächen humorvoll hinwegsetzen zu können" (Dumbs, 2002, S. 27).

ÜBUNG 3.5:

Suchen Sie im Internet das Buch „Antisemitismus für Anfänger: Eine Anthologie" (Halberstam, 2020) und betrachten Sie den Cartoon auf dem Cover. Können Sie über diesen lachen oder bleibt Ihnen das Lachen im Halse stecken?

Im Gegensatz zu den feindseligen und entwertenden Humorkomponenten in den Überlegenheitstheorien gehen die **Sozialtheorien des Humors** verstärkt auf die sozial verbindenden Aspekte des Humors ein. Fest steht, dass in den allermeisten Fällen das Lachen und humorvolle Initiierungen oder Reaktionen an soziale Situationen gebunden sind: Lachen und humorvolle Initiierungen bzw. Reaktionen finden selten statt, wenn Menschen alleine sind. Bei Henri Bergson heißt es entsprechend:

> „Man würde für das Komische kein Organ haben, wenn man alleinstünde. Das Lachen bedarf offenbar des Echos. (...) *Unser Lachen ist stets das Lachen einer Gruppe.* (...) Das Lachen wird nur verständlich, wenn man es in seinem eigentlichen Element, d. h. in der menschlichen Gesellschaft beläßt und vor allem seine praktische Funktion, seine *soziale* Funktion, zu bestimmen sucht. (...) Das Lachen wird eine gewisse Aufgabe im Leben der Gemeinschaft haben, wird eine soziale Note tragen müssen." (Bergson, 1921/2005, S. 81 f.)

Humor wird diesem Verständnis folgend als soziales Bindemittel und Kommunikationsmedium verortet (vgl. Räwel, 2005). Er dient als Mittel zum Aufbau und zur Gestaltung einer Beziehung, kann beispielsweise zur Kontaktaufnahme benutzt und als sogenannter Eisbrecher verwendet werden. Ein ähnlicher Sinn für Humor kann darüber hinaus als soziales „Schmiermittel" (Moody, 1979, S. 135) für persönliche Beziehungen wirken. Dass Humor vor allem in interpersonalen Beziehungen keimt und das Lachen (wie bereits ausgeführt) eine soziale Bedeutung hat, bestätigt sich auch im Gruppenkontext: Das gemeinsame Lachen in einer Gruppe verbindet und grenzt zugleich gegenüber Outgroups ab (vgl. Siebert, 2003, S. 3).

Humor bewirkt eine gewisse Übereinstimmung und vermag soziale Distanz zu reduzieren.

Die vierte Theoriegruppe, die sogenannten **Inkongruenztheorien**, konzentrieren sich auf den kognitiven Aspekt des Lachens. Ausgangspunkt ist die Beobachtung, dass Humorreaktionen auch durch das „Zusammenwirken kognitiver Bezugssysteme" ausgelöst werden können (Titze; Eschenröder, 1998, S. 50). In seinem Werk „Kritik der Urteilskraft" (1790/2010, S. 25) beschreibt analog Immanuel Kant (als ein früher Vertreter der Inkongruenztheorie) das Lachen als einen Affekt, der „aus der plötzlichen Verwandlung einer gespannten Erwartung in nichts" entspringt. Das Lachen resultiert also daraus, dass eine Erwartung getäuscht wird.

Im Fokus stehen die Strukturmerkmale eines Humorereignisses und dessen Wahrnehmung durch ein Individuum; moralische, soziale und psychische Aspekte werden weitestgehend ausgeblendet. Dahinter verbirgt sich die Beobachtung, dass komische Phänomene sich durch Widersinniges oder scheinbare Gegensätze auszeichnen. Inkongruenz (= Begriff und Anschauung fallen auseinander) meint, „es ist etwas Inadäquates, es kommt was nicht zur Deckung" (Bachmaier, 2008, S. 4): Es geschieht etwas Unerwartetes, Unlogisches oder Unangemessenes. Jemand will als gebildet erscheinen, entlarvt sich aber durch den falschen Gebrauch von Fremdwörtern als ungebildet. Auch Witze, die auf Wortspielen bzw. Doppeldeutungen von Worten basieren, zählen dazu. Genau das Erleben solcher Widersprüche, Paradoxien, Überraschungen (und damit die Inkongruenz zwischen Erwartung und Realität) stellen eine herausragende Funktion für jede Form des Humors dar. Aufschlussreich ist in diesem Kontext, dass die reine Feststellung von Inkongruenz seitens des Rezipienten bereits ausreichend ist und die nicht erwartete Sinndeutung von diesem keineswegs unbedingt gedanklich nachvollzogen werden muss (vgl. Dumbs, 2002, S. 43 f.).

HINWEIS:

In Kenntnis der dargelegten Humortheorien hat in den 1970er-Jahren der amerikanische Sozialarbeiter Frank Farrely (1931–2013) seine Methode der Provokativen Therapie begründet, die ausschließlich humorzentriert ist und mit Humor den Widerstand des Patienten in die gewünschte Richtung provozieren will. Sie zählt heute zu den am weitesten verbreiteten Formen der Psychotherapie.

Der Therapeut spielt hier die Rolle „des Teufels Advokat" und verführt bzw. drängt die Patientin dazu, ihre abweichenden, pathologischen Verhaltensweisen nicht (!) zu ändern, sondern mit Verweis auf einleuchtende Gründe fortzusetzen. Folgender Auszug aus einem vorbereitenden Entlassungsgespräch zwischen einem drogenabhängigen Callgirl und dem Therapeuten Farrely verdeutlicht das Vorgehen in der Provokativen Therapie:

„Therapeut (*ungläubig*): Entlassungsvorbereitungen? (lacht) Zur Hölle mit Ihren inneren persönlichen Möglichkeiten. Ich denke, es ist klar, wie Sie die Auftritte in der Gesellschaft gestalten können.

Patientin (protestierend): Gut, Moment – ich kriege einen Job als Kellnerin.

Therapeut (tut vernünftig): Gut, wollen Sie denn auf Ihren Füßen 8 Stunden am Tag stehen, wenn Sie dasselbe Geld in 20 Minuten auf dem Rücken liegend machen können?

Patientin (lacht, aber ernsthaft): Wollen Sie wohl aufhören, so zu reden?!" (Farrely; Brandsma, 1974/1986, S. 76 f.).

Insgesamt zeichnet sich das Verhalten des Therapeuten in der Provokativen Therapie „durch den Grad an Direktheit und den Gebrauch von Konfrontation, den widersprechenden und bestätigenden Gesprächsstil, den systematischen Gebrauch von sprachlichen und nichtsprachlichen Reizen und das Vermeiden professioneller Würde mit freiem Gebrauch von Humor und Spaßmacherei (aus)" (Farrely; Brandsma, 1974/1986, S. 74).

Die in diesem Kapitel überblicksartig beschriebenen Humortheorien machen deutlich, dass, so vielfältig die Formen des Humorvollen und die Anlässe des Lachens sind, so zahlreich auch die vorliegenden theoretischen Erklärungen. Eine umfassende, eindeutige Erklärung für etwas so Alltägliches wie Humor scheint unmöglich sein. Komisch, oder?

3.5 Empirische Bilanzen: Der heiteren Vernunft des Humors in der Sozialen Arbeit auf der Spur

Verschaffen wir uns an dieser Stelle einen Überblick über die wichtigsten Befunde aus den spärlich vorliegenden empirischen Humoruntersuchungen im Bereich der Sozialen Arbeit. Grundsätzlich ist zu konstatieren, dass die wenigen Studien sich im Kern auf die Bedeutung des Humors für die Resilienz der professionell in der Sozialen Arbeit Tätigen sowie als Haltung gegenüber ihren Adressatinnen und Adressaten und auf ihren Methodenkoffer reduzieren lassen. Über die Bedeutung des Humors für die Adressatinnen und Adressaten gibt es kaum empirische Studien (vgl. im Überblick Czarny, 2016; Schulze-Krüdener; Kammers, 2017).

Ganz offenkundig zeigt sich in sämtlichen Humorstudien, dass Humor einen wertvollen Beitrag zu einer gelingenden Sozialen Arbeit leistet, dieser aber zur Situation, zum Adressaten/zur Adressatin und zur Fachkraft der Sozialen Arbeit passen muss. (Flexibel eingesetzter) Humor kann als effektiver professioneller Selbstschutz im Balanceakt der Herausforderungen und Paradoxien der Handlungsfelder Sozialer Arbeit als Mittel professioneller Selbstdistanzierung, Grundlage nachhaltiger Arbeitsbündnisse, einer gesunden Distanz zu den Problematiken der Adressatinnen und Adressaten und damit zugleich der Burn-out-Prophylaxe dienen (vgl. Czarny, 2016, S. 48 ff.; Schulze-Krüdener; Kammers, 2017, S. 111 ff.).

HINWEIS:

Das Syndrom des Burn-outs (auch als emotionale Erschöpfung bezeichnet) wird in der Regel auf Arbeitsplatzprobleme (= Arbeitsüberlastung, zu wenig Selbstbestimmung oder Belohnung, Wertekonflikte, unfaire Behandlung, Traurigkeit über die Lebenslage der Adressatinnen/Adressaten, schlechte Zusammenarbeit mit Kollegen u. a.) zurückgeführt. Als ein Mittel der Burn-out-Prävention wird vielfach Humor als Teil der persönlichen Psychohygiene in Form einer spielerischen Einstellung oder als humorvolle, lachende Interaktion mit anderen empfohlen. Vorliegende empirische Hinweise zeigen, dass der Gebrauch von Humor eine protektive Wirkung in Bezug auf Burn-out hat (vgl. Wild, 2016b, S. 65).

Auch wenn Fachkräfte der Sozialen Arbeit in ihrer Selbstsicht in der Mehrzahl über eine humorvolle Grundhaltung als Basis der Humorfähigkeit verfügen und manche von ihnen auch gezielt Humor als individuelle Bewältigungsstrategie und Technik einsetzen, so zeigt sich doch einhellig über alle Studien hinweg, dass ein humoristisches Können eine noch zu wenig genutzte Ressource in der Sozialen Arbeit ist und oft nicht bewusst sowie fachlich nicht reflektiert Verwendung findet. Viele der Befragten verfügen laut den Studienergebnissen über ein eher intuitives Humorverständnis, also ein Gefühl dafür, was Humor sein kann. Dies ist auch darin begründet, dass im Hochschulstudium der Sozialen Arbeit nur in seltenen Fällen Humor ein Thema ist, was nicht wenige Fachpersonen rückblickend auf ihr eigenes Studium dahingehend deuten, dass Humor unwichtig für ihr späteres berufliches Tun sei (vgl. Schulze-Krüdener; Kammers, 2017, S. 43 f.).

Viele Fachkräfte geben an, dass sie sich oftmals aufgrund ihres Bauchgefühls und ihrer Empathie entscheiden, wenn es um die Frage geht, ob ein humorvolles Agieren situationsangemessen ist oder nicht. Manchmal ist auch die Tagesverfassung mitentscheidend. Des Weiteren spielt die Berufserfahrung häufig eine wichtige Rolle bei der Aufmerksamkeitslenkung hin zu Humor im Berufsalltag. Dass der spontane humorvolle Umgang in der Beziehungsarbeit mit der beruflichen Erfahrung steigt, hängt maßgeblich mit der Erweiterung der subjektiven Wahrnehmungsfähigkeit der professionellen Akteure für die Erfassung des je spezifischen Humors und der Humorgewohnheiten der Adressatinnen und Adressaten zusammen (vgl. Schulze-Krüdener; Kammers, 2017, S. 41). Dieser Befund unterstreicht ausdrücklich das Erfordernis einer Humoranamnese des Adressatenhumors, der bislang kaum mit größerer Aufmerksamkeit bedacht wurde. Die wenigen Forschungsergebnisse machen darauf aufmerksam, dass Humor bei den Adressatinnen und Adressaten eine Kompetenzdisposition ist, die durch autonomiefördernde Sozialisationsbedingungen konstituiert wird, aber keineswegs als Bewältigungsstrategie im Sinne einer unverwüstlichen Ressource wirkt, sondern vielmehr im professionellen Handeln hervorzuheben und zu kultivieren ist (vgl. Czarny, 2016, S. 205 f.).

BEISPIEL 3.6:

Unzureichende Lebens- und Sozialisationsbedingungen (wie fehlende Grundversorgung, materielle Armut, soziale Ausgrenzung) können als Einflussbedingungen und Begrenzungen der Praxis erworbene Humorressourcen der Adressatinnen und Adressaten bedrohen und ggf. sogar vernichten (vgl. Czarny, 2016, S. 205).

Humor impliziert in der Selbstauskunft der befragten Fachkräfte der Sozialen Arbeit vielfach positive Effekte durch einen Perspektivenwechsel, der einen Erkenntnisgewinn bewirken kann, indem er die Einübung neuer Sichtweisen unterstützt sowie dazu beiträgt, Veränderungen zu akzeptieren. Er stellt somit ein probates Medium zur Lösung von Konflikten dar. Humor ermöglicht es, die Dinge anders, neu, kreativ, innovativ zu sehen und Abstand zu nehmen. So kann etwa ein Witz an passender Stelle zum Nachdenken anregen, verfestigte Denkstrukturen unterbrechen und zur Aufhebung der Problemzentrierung beitragen. Humorvoll ist es möglich, Kritik zu äußern und Veränderung bzw. Entwicklung zu fordern. Eine humorvolle Atmosphäre, die als Gegengewicht zu den ernsten, teils lebensbedrohlichen Situationen oder Krisen fungiert, wirkt sich förderlich auf die Mitarbeit der Adressatinnen und Adressaten aus. Humoristisches Können hilft zudem, unangenehme Themen oder Tabus anzusprechen (vgl. Schulze-Krüdener; Kammers, 2017, S. 44 ff.).

BEISPIEL 3.7:

Tabus werden häufig als Meidungsgebote definiert. Doch das Gegenteil ist der Fall: Oft kann Humor dazu führen, dem tabuisierten Thema seine Schwere zu nehmen, es zu entdramatisieren und eine andere Perspektive zur Problemlösung zu finden. Es gibt keine Situation, in der Humor nicht passt – es gibt einzig unpassenden Humor. Ein Beispiel für Humor als Fluchtventil für das Tabudenken ist der Adressat bzw. Gast im stationären Hospiz, der sich als Handy-Ton „Spiel mir das Lied vom Tod" eingestellt hat und sich immer mit klammheimlicher Freude bei einem Anruf umsieht, wie die Anwesenden auf diesen makabren Ton reagieren.

Gerade der Humor kann Adressatinnen und Adressaten dazu bringen, sich ernsthafte Gedanken zu machen. Durch den ambivalenten Wahrheitsgehalt einer humorvollen Aussage eröffnet sich die Möglichkeit, die eigene Aussage im Nachhinein noch umdeuten oder auch als Scherz zurücknehmen zu können. Auf diese Weise kann Humor genutzt werden, um innerhalb eines schützenden Rahmens die Grenzen des Gegenübers auszuloten: Kommunikation wird hierdurch „risikoärmer". Eine weitere Voraussetzung für den Humoreinsatz (und generell für ein Arbeitsbündnis) ist ein Vertrauensverhältnis. Die professionellen Akteure müssen Empathie und Achtsamkeit aufbringen und der Humor muss zu dem des Adressaten bzw. der Adressatin passen. Hinzu kommt, dass die Profis die Fähigkeit haben müssen, über sich selbst lachen zu können.

Grundsätzlich kann Humor als Eisbrecher dienen und die Adressatinnen und Adressaten dazu animieren, offen über ihre Probleme zu sprechen. Humor kann durch seinen Überraschungseffekt und damit ausgelöste Irritation auch in einem festgefahrenen, bereits länger andauernden Hilfe- und Unterstützungsprozess dazu führen, einen neuen Zugang zu den Adressatinnen und Adressaten zu erhalten, oder auch schlicht dazu, ihre Aufmerksamkeit zu erregen. Aber nicht von allen Fachkräften der Sozialen Arbeit wird die Auffassung geteilt, dass bei allen Themen eine humorvolle Herangehensweise möglich ist. Dies liegt vor allem in der Angst begründet, etwas Falsches zu sagen. Betont wird auch, dass Humor stets auf den Einzelfall abzustimmen ist und nicht einstudiert sein, sondern vor allem spontan zum Einsatz kommen sollte. Humor kann nicht bei den Adressatinnen und Adressaten erzwungen oder sollte über diese ausgeschüttet werden. Vielmehr müssen humorvolle Interventionen auf die fallspezifische Situation maßgeschneidert sein; der humorvolle Ton muss zur Situation passen. Für den zielführenden Einsatz von Humor sind daher die Schaffung einer lockeren, entspannten Atmosphäre und ein wertschätzender Respekt gegenüber den Adressatinnen und Adressaten unverzichtbar. Fehlt dies, verfehlt Humor sein eigentliches Ziel und wirkt stattdessen verletzend (vgl. Schulze-Krüdener; Kammers, 2017, S. 59 ff.).

Humoristisches Können setzt ein umfassendes Wissen über den humorvollen Umgang voraus, wobei dessen unabdingbare Voraussetzungen wie Wertschätzung, Empathie usw. nicht exklusiv auf den Einsatz von Humor zutreffen, sondern die Grundlage jeder handlungsfeldübergreifenden Beziehungs- und Interaktionsarbeit sind.

Ein ehrliches Lachen kann oft aussagekräftiger sein als die beste Formulierung im ernsthaften Stil, wenn es darum geht, die Problemlage bzw. die Krise von Adressatinnen und Adressaten auf den Punkt zu bringen.

Den Möglichkeiten, die der Einsatz von Humor eröffnet, stehen aber auch Gefahren gegenüber. So kann es sein, dass der Humor von den Adressatinnen und Adressaten nicht angenommen wird oder diese sich sogar veralbert fühlen, gerade wenn die Arbeitsbeziehung den verwendeten Humor (noch) nicht tragen kann. Auch die vermeintliche Bagatellisierung von Problemen, die die Adressatinnen und Adressaten subjektiv schwer belasten, stellt eine Gefahrenquelle dar, wenn der Profi die Situation humorvoll aus seinem Blickwinkel heraus schildert. Insbesondere missbräuchlich, aber auch unbedacht eingesetzter Humor kann sogar verletzend wirken und zu schwerwiegenden Konsequenzen (etwa Vertrauensverlust) führen.

BEISPIEL 3.8:

Wer Soziale Arbeit humorvoll „anpackt“, sollte die Grenzen des Humors kennen. Eine Grenze markiert eine wirkliche oder gedankliche Linie, die zwei Dinge voneinander trennt und signalisiert: Es gibt Unterschiede zwischen einem angemessenen und einem nicht angemessenen Humor und in der Folge notwendige Grenzmarkierungen (bzw. fachlich begründete Konventionen), die die Adressatinnen und Adressaten schützen sollen. „Also wenn jemand in einer akut-depressiven Phase ist, eine schwere Krise hat und weinend vor mir sitzt, dann kann ich erst einmal wenig mit Humor anfangen. Dann geht es der Person überhaupt nicht gut und dann versuche ich, sie erst einmal zu stabilisieren. Das wäre ein No-Go für mich, dann irgendetwas Lustiges zu erzählen

(Simone Lorenz, Sozialarbeiterin, 46 Jahre)" (Schulze-Krüdener; Kammers, 2017, S. 98 f.).

Humor hat aber auch noch weitere Grenzen bzw. „dunkle Seiten", die keineswegs verdrängt werden dürfen. So etwa, wenn dieser vom Gegenüber nicht verstanden wird oder der Sinn für Humor und Erheiterung etwa bei psychisch kranken Menschen verloren gegangen ist. Weiterhin besteht Einigkeit darin, dass Adressatinnen und Adressaten weder herabgewürdigt noch diskriminiert werden dürfen. Humor kann missbraucht werden. Auch dürfen die professionellen Akteure weder durch einen übertriebenen Einsatz von Humor ihre Seriosität gegenüber den Adressatinnen und Adressaten verlieren noch dürfen sie krampfhaft versuchen, humorvoll zu wirken. Fachkräfte der Sozialen Arbeit müssen also aufpassen, dass sie ihre Glaubwürdigkeit nicht verlieren, weil sie zu „lustig" sind (vgl. Schulze-Krüdener; Kammers, 2017, S. 101 ff.).

Auch bei den erfahrensten professionellen Akteuren kann der Einsatz von Humor trotz aller Achtsamkeit zuweilen schiefgehen und eine gegensätzliche Wirkung entfalten. Davon sollte man sich jedoch nicht abschrecken lassen, zumal falsch verstandener Humor in der Regel zu korrigieren ist oder sich im Zweifel der Profi dafür entschuldigen kann. Und schließlich: Prinzipiell birgt jede sozialpädagogische und jede sozialarbeiterische Intervention Gefahren, sodass es sich um ein allgemeines Risiko handelt, das auch unabhängig vom Einsatz von Humor auftritt.

Im Kern bestätigen sich in allen Studien die dem Humor im Allgemeinen zugeschriebenen Effekte und Wirkungen. Dazu zählen:

- „Schmerzschwellen werden positiv verschoben,
- Burn-out-Prophylaxe,
- Abbau oder Bewältigung von Konflikten,
- Kommunikative und gemeinschaftsbildende Funktionen,
- Leistungssteigerung und Verstärkung der Teamidentität von Arbeitsgruppen,
- Akzeptanz von Veränderungsprozessen,
- Perspektivenwechsel (die Dinge einmal anders sehen),
- Improvisationsflexibilität,

- Distanz zu sich selbst zu gewinnen,
- sich in einem neuen Lichte sehen."

(Bachmaier, 2003, S. 18)

Auch wenn das sozialverträgliche und ressourcenmobilisierende Einsetzen von Humor (und darunter subsumierend das Über-sich-selbst-lachen-Können und Über-seine-Begrenztheit-lachen-Können als möglicherweise „höchste Kunst des Humors") von Fachkraft zu Fachkraft sehr verschieden und maßgeblich an die jeweilige Situation gekoppelt ist, bestätigt sich, dass Humor zweifelsohne eine vorteilhafte sozialpädagogische und sozialarbeiterische Kompetenz ist. Wesentlich hierzu tragen auch das Entschlüsseln und die Reflexion der vorangegangenen Humorerfahrungen zur Schulung und Schärfung des „humorvollen Blicks" in der Sozialen Arbeit bei, um dann im Nachgang einer besser gelingenden Anwendung von Humor mehr Chancen zu geben (= Humoranamnese). Hierzu zählen u. a. (vgl. Dumbs, 2002, S. 139):

- Erfassen des interindividuell unterschiedlichen Humorverständnisses der Adressatinnen bzw. Adressaten, insbesondere der geschlechtsspezifischen Unterschiede
- Vorerfahrungen der Adressatinnen bzw. Adressaten mit Humor: Angst vor dem Ausgelacht-Werden. Aus diesem Grunde ist es wichtig zu wissen, ob sie im Laufe ihres Lebens herabsetzende Schamerfahrungen machen mussten.
- Produktion von Humor in der Sprache und den Bildern der Adressatinnen bzw. Adressaten
- Anschließen der humorvollen Intervention an gerade aktuelle Ereignisse und Geschehnisse
- Einschätzen, ob Humor in der gegebenen (Ausgangs-)Situation für den Adressaten bzw. die Adressatin passend ist

In allen Studien wird mit Nachdruck herausgestellt, dass Humor in der Sozialen Arbeit entwickelt, trainiert und gefördert, aber keineswegs vorausgesetzt werden kann! Humor ist seitens der Fachkräfte als Teil ihrer professionellen Haltung und für das professionelle Handeln in der Sozialen Arbeit notwendig. Fachkräfte der Sozialen Arbeit können durchaus an ihrem Humor arbeiten und ihren HUMORvollen Blick durch spezifische Humorweiterbildungen, Zusatzausbildungen, Trainingsprogramme, aber auch durch ein Selbststudium der Humormethodenliteratur schulen: Humor ist eine förderbare Fähigkeit. Aber: Freude kann nicht „gemacht“ und ein „Sich-freuen-müssen“ schon gar nicht erzwungen werden.

Humor ist aber weder einzig als bloße Haltung noch als direkt anwendbare Technik zu verstehen. Sein weites Portfolio an Wirkchancen wird dann erschlossen, wenn die Vielfalt des Humors genutzt wird: Spontaner humorvoller Umgang erfordert gezielte Übung und Humor-Verstehen ist ein Lern- und Sozialisationsprozess. Um dies alles zu gewährleisten, ist Humor (mit all seinen Konnotationen) – so der Tenor in allen Humorstudien (vgl. Schulze-Krüdener, Kammers, 2017, S. 59 ff.) – stärker in den wissenschaftlichen Diskurs zu rücken und sollte integraler Bestandteil des Studiums Sozialer Arbeit sein. Betont wird auch, dass der Humor aufs Engste mit Grundthemen Sozialer Arbeit wie etwa Arbeitsbündnissen, Machtverhältnissen etc. verbunden ist.

In Kenntnis dieser in gebotener Kürze zusammengeführten Befunde vorliegender Humoruntersuchungen im Feld der Sozialen Arbeit widmen wir uns nun dem Verständnis des Humors als Wirkung einer bestimmten Technik bzw. Unterhaltung (in Abgrenzung zu einem Humor als Haltung; vgl. Kap. 3.3) und damit zugleich der Frage, mit welchen Humortechniken Sie in Ihrer beruflichen Tätigkeit in der Sozialen Arbeit Erkenntnisse aus der Humorforschung konsequent in die Praxis übersetzen können.

3.6 Humor als Technik: Ein Blick in einen Instrumentenkoffer für die Praxis

Der Humor als Technik und damit zugleich als Kunst der Unterhaltung ist in der sozialen Beziehungs- und Interaktionsarbeit bedeutsam. Humor und humorvolle Interventionen – sprich das humoristische Können – dienen nicht einzig dazu, beim Gegenüber eine kurzfristige Freude und Heiterkeit auszulösen. Vielmehr werden Humortechniken bewusst und gezielt eingesetzt, damit Adressatinnen und Adressaten durch die Erleichterung darüber, etwa Normen oder Zwängen entfliehen zu können, oder auch durch das überraschende Zusammentreffen zweier nicht zueinander passender Gegebenheiten, zum Lachen und insofern in einen Zustand der Erheiterung gebracht werden.

> Unter Humortechniken werden Techniken verstanden, die von Adressatinnen und Adressaten in Kenntnis ihrer individuellen Verfassung, Lebenslage und Lebenswelt als lustig empfunden werden und auf überraschend verrückte oder absurde Art Äußerungen, Verhaltensweisen oder Emotionen in bestimmten Situationen kontextgebunden sichtbar machen (vgl. Janssens, 2010, S. 107).

Hinsichtlich der Möglichkeiten der Humorintervention lassen sich drei Interventionsebenen unterscheiden (vgl. Bischofberger, 2008, S. 76 ff.):

- Erste Ebene: **Indirekter Humor:** Bilder, Bücher und Geschichten geben den Adressatinnen und Adressaten humorvolle Anregungen.
- Zweite Ebene: **Direkter Humor:** Direkte verbale und nonverbale Humor-Kommunikation wird bewusst und mit voller Absicht mit den Adressatinnen und Adressaten geführt (etwa das Erzählen eines Witzes).
- Dritte Ebene: **Geplanter Humor:** Ziel ist die Steigerung der Humorinterventionen in genauer Kenntnis des Humorstils des Adressaten/der Adressatin.

Der Humorprozess selbst kann in mehrere Stufen unterteilt werden, wobei eine nächste Stufe erst erreicht werden kann, wenn die vorherige erfolgreich absolviert wurde (vgl. Hirsch, 2001, S. 100; Bischofberger, 2008, S. 41):

- Stufe 1: **Nicht lachen können**
  Auf dieser Stufe kann der Adressat/die Adressatin nicht lachen, da er/sie aufgrund der individuellen Situation, Wertehaltung oder des persönlichen Umfelds ein bestimmtes Ereignis nicht als lustig wahrnimmt und daher nicht mit Lachen reagiert.
- Stufe 2: **Über andere lachen können**
  Analog zu den sozialen Theorien zur Humoranwendung fungieren hier häufig die Missgeschicke anderer als Auslöser für Gelächter. Über sich selbst lachen kann der Adressat/die Adressatin aber immer noch nicht.

- Stufe 3: **Über mich selbst lachen können**
  Auf dieser Stufe ist bereits ein Prozess der Reflexion und Selbsterkenntnis in Gang gekommen. Lachen über sich selbst bedeutet, einen wichtigen Reifeprozess in der Persönlichkeitsentwicklung durchlaufen zu haben.
- Stufe 4: **Andere dürfen über mich lachen**
  Diese Stufe wird uns oft von Clowns vorgelebt, die Missgeschicke parodieren und uns überspitzt vorführen. Gelingt dies im Alltag und dazu noch rasch nach dem Erlebnis, so ist ein weiterer großer Schritt in Richtung Humor im Alltag getan.
- Stufe 5: **Gemeinsam mit anderen über mich selbst lachen können**
  Auf diesem höchsten Niveau lachen die Adressatinnen und Adressaten gemeinsam mit anderen über ein selbst erlebtes Ereignis und sind dabei fähig, dieses vor dem inneren Auge Revue passieren zu lassen.

Nach Eysenck (1972) schreiben wir einer Person Sinn für Humor bzw. eine humorvolle Haltung zu, wenn sie

- über dieselben Dinge lacht wie wir (= Konformität),
- häufig lacht und leicht zu amüsieren ist (= Quantität),
- die Begabung hat, andere durch lustige Geschichten oder Witze zu unterhalten und zu amüsieren, kurzum kreativ und humorvoll agieren kann (= Produktivität).

Das Spektrum der methodischen „humorvollen" Zugänge und Techniken ist hierbei weit. Humorvolle Interventionstechniken sind etwa die offensichtliche Über- oder Untertreibung, verrückte Vorhersagen, Umkehrungen, paradoxe Interventionen, Wortspiele, Maskierungen, Anachronismus, Enttabuisierungen oder der kontextuelle Zusammenprall, also der Einsatz klarer Gegensätze.

Bevor im Weiteren ausgewählte humorale Techniken dargelegt werden, sollen zum besseren Nachvollziehen nochmals wichtige Zwecke und Vorteile für Adressatinnen und Adressaten sowie Sozialpädagogen/-pädagoginnen und Sozialarbeiter/-innen, die mit dem Einsatz von Humor in der Emotionsarbeit erreicht werden können und die sich aus den vorgestellten Humortheorien erhellen (vgl. Kap. 3.4), in kompakter Form zusammengeführt werden:

- Humor dient dazu, Emotionen bei sich selbst und anderen zu erkennen (vgl. Bönsch-Kauke, 2003, S. 35).
- Humor hilft, sich unaussprechlicher, verdrängter und/oder nicht tolerierter, ggf. tabuisierter Emotionen bewusst zu werden und diese sozial akzeptabel und auch in verunsichernden Situationen gesichtswahrend auszudrücken (vgl. Bönsch-Kauke, 2003, S. 35).
- Humor wirkt emotional befreiend (vgl. Lohmeier, 2018, S. 35).
- Humor erlaubt es, sich in Situationen ein- und ggf. wieder umzustimmen.
- Humor eröffnet weitreichende Möglichkeiten zur Änderung der Sichtweise der Adressatinnen und Adressaten auf sich selbst, die eigene Lebenslage und anspannungsreiche Lebenssituationen (vgl. Robinson, 2002, S. 55 ff.).
- Humor trägt maßgeblich zur Stärkung des Selbst der Adressatinnen und Adressaten bei.
- Humor vermag Barrieren zwischen verschiedenen Vorstellungen wegzuräumen (vgl. Bönsch-Kauke, 2003, S. 37).
- Humor schafft Verbundenheit und Übereinkunft (vgl. Bischofberger, 2008, S. 49).
- Humor kann Ablenkung schaffen (vgl. Bischofberger, 2008, S. 50).
- Humor stimuliert kreatives Denken (vgl. Bönsch-Kauke, 2003, S. 35).
- Humor hilft, die Problemsicht zu verschieben und ein effektives Problemlösen zu ermöglichen (vgl. Lohmeier, 2018, S. 35).
- Humor erhöht die Bereitschaft zur Akzeptanz, Situationen aus der Sicht anderer zu deuten (vgl. Robinson, 2002, S. 46 ff.).
- Humor vermag einen essenziellen Beitrag zur Stärkung der Beziehungs- und Interaktionsarbeit zu leisten (vgl. Bönsch-Kauke, 2003, S. 35).
- Humor wirkt verbessernd auf die Kommunikation (vgl. Lohmeier, 2018, S. 35).
- Humor stärkt die Veränderungsbereitschaft (vgl. Lohmeier, 2018, S. 35).
- Humor kann genutzt werden, um Stress zu parieren (vgl. Bischofberger, 2008, S. 50).

- Humor dient der Psychohygiene durch Distanz und (Selbst-)Reflexion (vgl. Lohmeier, 2018, S. 35).

HINWEIS:

Wenn Sie auf der Suche nach Literatur sind, um Humor für den professionellen Einsatz zu generieren, werden Sie teils humorvolle und ungewöhnliche Darbietungsformen finden. Im Folgenden ist dies nur eine kleine Auswahl an Humorbüchern.

Birkenbihl, V. F. (2011). *Humor: An Ihrem Lachen soll man Sie erkennen*. 6. Aufl., München: mgv.

Bischofberger, I. (Hrsg.) (2008). *Das kann ja heiter werden. Humor und Lachen in der Pflege.* 2. Aufl. Bern: Hans Huber.

Hansmeier, K.; Ullmann, E. (2020). *Humor. Das Manifest für verzögerte Schlagfertigkeit.* 2. Aufl., Leipzig: Deutsches Institut für Humor.

Janssens, M. (2010). *Humor als Intervention, die Betreuung verändert. Spaß mit Menschen, die mit einer geistigen Behinderung leben*. Tübingen: dgvt.

Kresse, A.; Ullmann, E. (2008). *Humor im Business – Gewinnen mit Witz und Esprit.* Berlin: Cornelsen.

Lohmeier, A. (2018). *Humor in der Beratung*. Weinheim/Basel: Beltz Juventa.

Robinsohn, V. M. (2002). *Praxishandbuch Therapeutischer Humor. Grundlagen und Anwendungen für Gesundheits- und Pflegeberufe*. Bern u. a.: Hans Huber.

Schinzilarz, C.; Friedli, C. (2013). *Humor in Coaching, Beratung und Training.* Weinheim/Basel: Beltz.

Ullmann, E. (2020). *Humor ist Chefsache. Besser führen, verhandeln und präsentieren – so entwickeln Sie Ihren humorvollen Fingerabdruck*. Wiesbaden: Springer.

Wild, B. (Hrsg.) (2016d). *Humor in Psychiatrie und Psychotherapie*. Neurobiologie – Methoden – Praxis. 2. Aufl., Stuttgart: Schattauer.

Im Folgenden wird das Gewicht auf eine beschränkte Auswahl bewährter Humortechniken gelegt, die mit einem begrenzten Aufwand zu vorzeigbaren Ereignissen führen können. Nun wird der Humor konkret, also technisch – aber keineswegs in dem Verständnis, dass Sie diese Humortechniken schemaartig anwenden können und sich sofort alles zum Besten wendet. Die folgenden Techniken bedürfen stets des richtigen Kontexts, der passenden Adressatinnen und Adressaten sowie des nötigen Feingefühls im Einsatz.

Offensichtliches Übertreiben und Überhöhen

Ihre Reaktion auf die Situationsbeschreibung Ihres Adressaten (oder auch Ihrer Kollegin usw.) ist sehr übertrieben. Sie lachen oder weinen laut, schauen äußerst unzufrieden, seufzen stark übertrieben. Sie überhöhen und karikieren letztlich eine Emotion, um auf diese Weise das Gegenteil davon zu vermitteln und die Wichtigkeit zu relativieren, um so bei Ihrem Adressaten auf spielerische Weise eine Verhaltensänderung zu provozieren (vgl. Hansmeier; Ullmann, 2020, S. 45 ff.).

BEISPIEL 3.9:

Die Adressatin ist verärgert, weil ihr Antrag auf Unterstützungsleistung vom Sozialarbeiter immer noch nicht bearbeitet worden ist: „Das hätte Ihre Kollegin aber schon längst erledigt und ich hätte mein Geld bereits." Darauf der Sozialarbeiter: „Ich kann Ihnen versichern: Ich bin der beste Sozialarbeiter, sodass Gott schon nach Rezepten für den Himmel fragt."

Positives Umdeuten (Reframing)

Sie präsentieren Ihrem Adressaten eine ungewöhnliche, übertriebene, positive, vielleicht sogar absichtlich falsche Interpretation der Situation. Eng damit verknüpft ist das Spielen mit Klischees (vgl. Hansmeier; Ullmann, 2020, S. 54 ff.).

BEISPIEL 3.10:

„Ich habe als Sozialarbeiter ein Herz so groß wie eine Badewanne, da passen Sie mit Ihrem klitzekleinen Problem auch noch hinein."

Inkongruenzen

Sie schlagen absichtlich eine ungewöhnliche Lösungsmöglichkeit vor, wählen einen ungewöhnlichen Vergleich oder lenken durch Fehldeutung bzw. Verschiebung die Gedanken des Adressaten in eine andere Richtung, erzeugen durch Ihre merkwürdigen Bilder Aufmerksamkeit und regen den Adressaten dadurch an, echte Lösungen zu finden (vgl. Hansmeier; Ullmann, 2020, S. 61 ff.).

BEISPIEL 3.11:

Der Adressat erzählt der Sozialpädagogin zum wiederholten Male in ausschweifenden Worten die Gründe, warum er es in den letzten drei Monaten immer noch nicht geschafft hat, beim Arbeitsamt einen Beratungstermin auszumachen. In einem passenden Moment sagt die Sozialpädagogin: „Kennen Sie den Ausspruch ‚Warten auf Godot'? Er stammt aus einem Theaterstück, in dem zwei Männer irgendwo auf der Landstraße auf einen Unbekannten namens Godot warten. An den Grund der Verabredung können sie sich nicht erinnern; sie wissen auch nicht, ob und wann Godot kommen wird."

Spiegeln

Sobald der Adressat Ihr Büro betritt, haben Sie beide ein Status-Verhalten, das wesentlich durch die Körpersprache vermittelt wird. In der Regel sind solche Status-Kämpfe humorlos; bewusst eingesetzt, können sie aber sehr witzig werden: So können Sie mit Ihrem Körper (und mit Mimik, Gestik) eine Statuswirkung gegenüber dem Adressaten erzeugen, indem Sie entweder bestimmend, kontrollierend und unmenschlich wirken oder aber charismatisch, fördernd und beschützend.

BEISPIEL 3.12:

Adressat: „Das geht mir hier mit der Bearbeitung meines Hilfeantrags alles viel zu langsam. Das muss schneller gehen." Sozialarbeiter: „Sie möchten also, dass die Schnecke zum Tiger wird?"

Unsinniges bzw. paradoxes Zustimmen

Der Adressat greift Sie in einem Gespräch auf unfaire Art und Weise persönlich an und Sie geben ihm unerwartet Recht. Dieser ist verblüfft, sein Angriff läuft ins Leere. Wenn Sie möchten, können Sie nun eins draufsetzen und den unfairen Vorwurf nochmals übertreiben (vgl. Hansmeier; Ullmann, 2020, S. 87 ff.).

BEISPIEL 3.13:

Adressatin: „Immer müssen Sie als Jugendamtsheini das letzte Wort haben." Sozialarbeiter: „Ja, stimmt! Ich nehme an einem Letztes-Wort-Wettbewerb teil. Ich bin auf Platz zehn, aber das lässt sich bestimmt noch steigern."

Metaphern- und Geschichtenarbeit

Sie können ein Problem auflösen (bzw. von diesem vorerst ablenken), indem Sie während des Gespräches mit dem Adressaten, der Ihnen wieder einmal nachweislich nicht die Wahrheit sagt, beispielsweise eine Anekdote passend zum Inhalt des Gesprächs oder aber auch eine Anekdote über eine ganz andere Situation erzählen, um die aktuelle Situation aufzulockern oder aber auch zum Nachdenken anzuregen (vgl. Lohmeier, 2018, S. 74 ff.).

BEISPIEL 3.14:

In der Beratungsarbeit dienen humorvolle Geschichten als Denkanstöße, die oft anhaltender wirken als direkte Interventionen.

„Ein Engel und ein Teufel wandern für die Menschen unsichtbar auf Erden. Da kommt ihnen ein Mensch entgegen. Der Engel nimmt wahr, wie der Teufel vor dem Menschen etwas fallen lässt. Dieser bückt sich, nimmt mit sichtbar größter Freude das Ding an sich und geht überglücklich weiter. ‚Was hast Du diesem Menschen gerade zukommen lassen?' fragt der Engel. ‚Ein winziges Stück Wahrheit', erwidert der Teufel. ‚Wie? Höre ich recht? Du, ein Teufel, schenkst diesem Menschen Wahrheit? Dein Job ist doch, die Menschen in Richtung Hölle und Verdammnis zu locken!' – ‚Das habe ich eben getan: Ich habe dieses Menschlein ein winziges Stück Wahrheit finden lassen, ihn aber glauben gemacht, dass dieses winzige Stück die ganze Wahrheit sei!'" (Lohmeier, 2018, S. 75 f.)

Running Gag

Durch die Wiederholung bestimmter Inhalte oder Motive erlaubt Ihnen diese Technik, ein Thema in ständig variierter Form immer wieder ins Spiel zu bringen (vgl. Kresse; Ullmann, 2008, S. 52 f.).

BEISPIEL 3.15:
„Hallo, Herr Sänger! Jetzt müssen Sie wieder wie jeden Dienstag diese Sozialpädagogen-Kacke machen. Unglaublich, oder? Okay, legen wir gleich los."

Selbstironie

Über sich selbst zu lachen (bzw. sich selbst auf die Schippe zu nehmen), funktioniert auch im Gespräch mit Adressaten. Passiert Ihnen ein Missgeschick, haben Sie etwa die Akte verlegt, erlauben Sie Ihrem Gegenüber, über Sie zu lachen. Auch wenn Sie vielleicht zunächst glauben, Sie haben sich dadurch eine Blöße gegeben oder an Autorität verloren, gewinnen Sie dadurch mehr an Respekt (vgl. Kresse; Ullmann, 2008, S. 58 f.).

BEISPIEL 3.16:
„Ich bin heute so zerstreut, dass sogar der Salzstreuer schon neidisch ist."

Non-sequitur-Technik

Ein Satz des Adressaten wird von Ihnen als Frage aufgenommen und Sie antworten verfremdet in einem anderen Sinnzusammenhang (vgl. Lohmeier, 2018, S. 80 f.).

BEISPIEL 3.17:

Ein Adressat zum Sozialarbeiter, der im Jugendamt arbeitet: „Die Kinder gehören einfach öfter zum Vater, davon können Sie ausgehen." Darauf sagt der Sozialarbeiter: „Eingehen, ausgehen, da wird einem ja schwindlig von."

Columbo-Prinzip

Auf Sätze des Adressaten reagieren Sie lauthals mit Bewunderung und Dankbarkeit (vgl. Lohmeier, 2018, S. 81 f.).

BEISPIEL 3.18:

Adressat zur Sozialpädagogin am Telefon: „Sauerei! Warum dauert das so lange, bis man bei Ihnen einen Termin bekommt?!" Sozialpädagogin: „Ich bewundere Ihre Hartnäckigkeit und Ihr Engagement bei der Verfolgung Ihrer Ziele. Außerdem scheinen Sie das besondere Talent zu haben, Dinge, die Sie aufregen, mit einfachen Worten präzise auf den Punkt zu bringen. So konzentriert, fokussiert und rhetorisch elaboriert wäre ich gerne auch einmal."

Sprichwörter und Bonmots

Bei dieser Technik werden Sprichwörter bewusst verdreht oder völlig aus dem Zusammenhang gerissen (vgl. Lohmeier, 2018, S. 82 f.).

BEISPIEL 3.19:

Ein erwerbsloser Adressat klagt gegenüber der Sozialarbeiterin über seine chronischen Geldnöte. Die Sozialarbeiterin antwortet: „Spare in der Not, dann hast Du Zeit dazu."

ÜBUNG 3.6:

Finden Sie für jede dieser Humortechniken ein weiteres Beispiel.

Humor als eine menschliche, wertschätzende Facette der Unterhaltung ermöglicht Adressatinnen und Adressaten durch den ungezwungenen, heiteren Perspektivenwechsel eine gewisse Distanzierung zu bedrohlichen Belastungen und Krisen; er trägt so zur Entdramatisierung der Situation bei und nimmt dieser die scheinbare Ausweglosigkeit. Humorvolle Interventionstechniken werden im professionellen Handeln bewusst und gezielt eingesetzt, damit der Adressat bzw. die Adressatin zum Lachen und in einen Zustand der Freude und Erheiterung gebracht wird, aber zugleich auch, um die Distanz zwischen der Fachkraft der Sozialen Arbeit und den Adressatinnen und Adressaten abzubauen. Der Humor als wichtige Ressource im professionellen Handeln und als „Lizenz zum Spaß machen" kann als wirksame professionelle Interventionsstrategie wirken, wobei generell mit Wertschätzung und Respekt vor den sozialen und kulturellen Verständnis- und Handlungsmustern der Adressatinnen und Adressaten zu agieren ist.

Durch den Humor lassen sich in der Praxis Sozialer Arbeit Tabus brechen und Grenzen überschreiten, aber auch Probleme relativieren. Auch Nichterreichbares und Scheitern können durch Humor annehmbarer erscheinen. Grundsätzlich bewirkt Humor Veränderungen oder ebnet den Weg für diese.

Humor kann des Weiteren als Hintergrundfolie bei der Bewältigung der Handlungsanforderungen im Berufsalltag wirken. Die größten Hindernisse für einen breiteren Einsatz humorvoller Interventionen von Fachkräften der Sozialen Arbeit sind insbesondere die Angst vor Missverständnissen und die Vorstellung von einer besonderen Verletzlichkeit der Adressatinnen und Adressaten. Werden Letztere danach befragt, welche Anforderungen die mit ihnen zusammenarbeitenden Fachpersonen besitzen sollten, wird an prominenter Stelle deren praktizierter Humor genannt (vgl. Golz, 2006, S. 181).

ÜBUNG 3.7:

Wissen Sie schon, mit wem Sie Ihre Freude teilen wollen, wenn Sie in Kürze dieses Studienbuch durchgearbeitet haben? Mit welchem Lachen oder Lächeln wollen Sie Ihrem Gegenüber dann begegnen? Und wenn Sie genau in diesem Moment das Kopfkino auf Freude stellen, was sehen Sie?

Zusammenfassung

Auch wenn Humor in der Forschung der Sozialen Arbeit ein kaum berücksichtigtes Thema und auch kein selbstverständlicher integraler Bestandteil des Studiums Sozialer Arbeit ist, ist er ein Stück des alltäglichen sozialarbeiterischen und sozialpädagogischen Handelns. Humor als Ventil im Umgang mit starken Emotionen hat sich einen festen Platz in der Praxis Sozialer Arbeit erobert. Humor – so die einhelligen Befunde der empirisch basierten Rekonstruktion des humoristischen Könnens im Verständnis einer Kunst der Improvisation, des Perspektivenwechsels, einer bildhaften Vorstellungskraft und nicht zuletzt eines kreativen Umgangs mit Sprache – kann Veränderungen herbeiführen oder zumindest über neue Sichtweisen den Weg für diese ebnen. Humor kann den Schwierigkeiten des beruflichen Alltags mit heiterer Gelassenheit begegnen und hilft zugleich, Veränderungen zu akzeptieren.

Wirklichkeiten mit Humor zu begegnen, ist oft eine erfolgversprechende, manchmal sogar die einzig verbleibende Möglichkeit, mit undurchschaubaren (emotionalen) Zuständen zurechtzukommen oder sich selbst Mut zu machen für ein (Arbeits-) Leben in Widrigkeiten. Aber manchmal ist es auch einfach nur lustig, zu lachen, zu kichern, sich auszuschütten vor Lachen. Es besteht Einigkeit darüber, dass

- Humor keine angeborene Fähigkeit ist, sondern erlernt und trainiert werden kann;
- jeder Mensch humorvoll sein kann, aber nicht jeder den Humor findet, nutzt oder inszeniert;
- Humor sowohl aus Sicht der Fachkräfte der Sozialen Arbeit als auch aus Sicht der Adressatinnen und Adressaten eine bedeutende Rolle spielt;
- Humor ein soziales Schmiermittel ist;
- nicht alles für jeden zum Lachen geeignet ist;
- Humor die Aufmerksamkeit, Konzentration, Kommunikation und Kreativität fördert;
- Humor nicht nur menschenfreundlich, sondern auch abwertend sein kann;
- Humor beobachtungs-, situations- und stimmungsabhängig ist;
- Humor als Haltung und als Unterhaltung Ausdruck von Professionalität ist.

Zu guter Letzt: Eine humorlose Soziale Arbeit ist schwer vorstellbar. Humor ist nicht das Salz in der Suppe, sondern die Schüssel, in der die Suppe schwimmt!

Aufgaben zur Selbstüberprüfung

AUFGABE 3.1:
Welche Funktionen haben humoristische Interventionen?

AUFGABE 3.2:
Begründen Sie die Notwendigkeit einer Humoranamnese.

Schlussbetrachtung

Liebe Leserinnen und Leser,
Sie als Fachkräfte der Sozialen Arbeit werden – je nach Handlungs- und Arbeitsfeld unterschiedlich ausgeprägt – mit eigenen und fremden Emotionen konfrontiert werden. Wohl niemand von Ihnen würde am Ende dieses Studienbuchs zu Humor und zum Stellenwert von Emotionen in der Sozialen Arbeit leugnen, dass Emotionen in Hilfe- und Krisenbewältigungsprozessen eine wichtige Rolle spielen.

Aber inwieweit wollen, dürfen oder müssen Sie in Ihrem professionellen Handeln bewusst auf fremde oder auch auf Ihre eigenen Emotionen einwirken? Ist der reflektierte Umgang mit den Emotionen der Adressatinnen und Adressaten und auch den eigenen Emotionen ein essenzieller Baustein für ein erfolgreiches (oder ggf. misslingendes) professionelles Handeln? Wenn ja, welche pädagogischen Konsequenzen leiten sich daraus ab? Oder ist es nicht vielmehr so, dass Emotionen suspekt und als Störungen zu betrachten sind, die eine objektive Arbeit gefährden? Sind Emotionen also der Feind der Rationalität und stehen damit im Widerspruch zum Anspruch auf eine distanzierte objektive Erkenntnis? Tatsächlich ist es aber im Gegensatz hierzu eher so, dass erst das Wahrnehmen und Akzeptieren von eigenen Emotionen ermöglichen, eine professionelle Distanz in den sozialarbeiterischen und sozialpädagogischen Handlungsfeldern zu entwickeln. Auf all diese Aspekte haben Sie im Studienbuch Antworten mit spezifischen Akzenten gefunden.

Die Kompetenz, mit Emotionen, die als eigenständige Verarbeitungsformen der sozialen Wahrnehmung mit kognitiven Formen des impliziten Wissens und der Wissensaneignung verflochten sind, umzugehen, ist eine unabdingbare Voraussetzung für das professionelle Handeln. Soziale Arbeit ist per se Emotionsarbeit. Folglich steigt die fachliche Aufmerksamkeit für die Emotionen – sowohl denen der Adressatinnen und Adressaten als auch denen der Fachkräfte der Sozialen Arbeit. Emotionen beeinflussen nicht nur das Handeln und Entscheiden, sondern *sollen* dies sogar.

Im Umgang mit Emotionen kommt dem Humor eine besondere Aufgabe zu. Humor im Kontext Sozialer Arbeit lässt sich als eine humoristische Haltung und/oder ein humoristisches Können verstehen, die/das eine gewisse Distanzierung zu den bedrohlichen Belastungen und Krisen ermöglicht. Der Humor als wichtige Ressource im professionellen Handeln kann als Interventionsstrategie wirken, wobei generell mit Wertschätzung und Respekt vor den sozialen und kulturellen Verständnis- und Handlungsmustern der Adressatinnen und Adressaten zu agieren ist. Humor lebt von Mehrdeutigkeiten, Widersprüchen oder dem Unerwarteten. Durch den Humor lassen sich Tabus brechen und Grenzen überschreiten, aber auch Probleme relativieren. Grundsätzlich bewirkt Humor Veränderungen oder ebnet den Weg für diese: Humor wirkt als Hintergrundfolie bei der Bewältigung der diversen sozialarbeiterischen und sozialpädagogischen Handlungsanforderungen. Werden die Adressatinnen und Adressaten Sozialer Arbeit danach befragt, welche Anforderungen die mit ihnen zusammenarbeitenden Fachkräfte besitzen sollten, wird an prominenter Stelle deren praktizierter Humor genannt. Nichtsdestotrotz stellt Humor in der Sozialen Arbeit eine wenig beachtete Ressource und Bewältigungsstrategie dar. Humor ist offenbar (noch) kein seriöses sozialpädagogisches und sozialarbeiterisches Thema.

Humor als Haltung, Mittel und Strategie ermöglicht den professionellen Akteuren Perspektivenwechsel, d.h. die Dinge anders, neu, kreativ, innovativ zu sehen, Abstand zu nehmen. Er kann als professioneller Selbstschutz im Balanceakt der Herausforderungen und Paradoxien der Handlungsfelder, als Mittel professioneller Selbstdistanzierung, Grundlage nachhaltiger Arbeitsbündnisse und der Burn-out-Prophylaxe dienen. Humor lässt sich als das erleichternde, vorübergehende, gleichsam hypothetische Infragestellen von ansonsten verbindlichen Verhaltensregeln, Ritualen, Tabus, Konventionen usw. verstehen. Humoristisches Können wird somit zum Verarbeitungsmechanismus und zur Bewältigungsstrategie. Adressatinnen und Adressaten kann der Humor dazu bringen, sich ernsthafte Gedanken über ihre Situation und Lebenswelt zu machen. Grundsätzlich kann Humor als Eisbrecher dienen und die Adressatinnen und Adressaten dazu animieren, offen über ihre Probleme zu sprechen.

Zu guter Letzt wollen wir den großen Humoristen Karl Valentin bemühen: Er meinte, am Ende solle gewöhnlich der Schluss eintreten und so ist es auch bei diesem Studienbuch. Jetzt.

Anhang

Bearbeitungshinweise zu den Übungen

Übung 1.1

Bei Emotionen handelt es sich um qualitativ unterschiedliche Zustände, denen individuell und situativ verschiedene Emotionsqualitäten zugeschrieben werden. So können Sie sich z. B. schämen, wenn Ihnen ein Kollege bei einer schwierigen Aufgabenstellung seine Hilfe anbietet. Sie können dieser Person aber auch für ihre Unterstützung dankbar sein.

Übung 1.2

Googeln Sie „Klassifikation und Emotion". Ein Tipp: Wichtige Informationsquellen sind „Das Lexikon der Psychologie" (http://www.aon.media/n7cm1k) und das „Online-Lexikon für Psychologie und Pädagogik" (Online-Lexikon für Psychologie und Pädagogik – Online-Enzyklopädie aus den Wissenschaften Psychologie und Pädagogik (http://www.aon.media/z38am6).

Übung 1.3

Im Klappentext des Buches „Gefühle lesen. Wie Sie Emotionen erkennen und richtig interpretieren" (Ekman, 2017) steht folgende kurze, werbende Zusammenfassung des Buchinhalts: „Befinden wir uns im Würgegriff unserer Gefühle? Oder vermögen wir unsere Emotionen zu kontrollieren? Spüren wir, wenn wir emotional werden und spüren wir es rechtzeitig? Wie kündigt sich eine emotionale Reaktion in unserem Inneren an? Und sehen andere, was in uns vorgeht? Verrät uns das Gesicht unseres Gegenübers, was er oder sie gerade empfindet? Interpretieren wir Gefühlsausdrücke richtig? Und wie leicht lassen wir uns täuschen? Können wir lernen, unausgesprochene Gefühle bei uns und bei anderen sensibler wahrzunehmen und in angemessener Weise mit dieser Information umzugehen? So viele Fragen – und so wichtig für unser tägliches Miteinander."

Nutzen Sie das kostenlose Testtool auf der Website, um zu erkennen, wie gut Sie jede einzelne der sieben Emotionen ausmachen können, von denen Paul Ekman behauptet, sie seien kulturell allgemeingültig.

Übung 1.4

Die Bedürfnishierarchie bzw. Bedürfnispyramide von Maslow ist das bekannteste Modell zur Klassifikation von Bedürfnissen. Es wird davon ausgegangen, dass die „höheren" Bedürfnisse ihren Einfluss auf das Verhalten nur dann ausüben, wenn die Bedürfnisse einer tieferen Stufe weitgehend befriedigt sind. Aufeinander aufbauend ergibt sich folgende Abfolge: (1) unmittelbare physiologische Bedürfnisse, (2) Sicherheit, (3) Liebe (Zuneigung, Zugehörigkeitsgefühl, Bindung), (4) Wertschätzung (Respekt), (5) Selbstverwirklichung und auf der höchsten Stufe, die häufig vergessen wird, (6) Selbsttranszendenz, also etwas, was jenseits des eigenen Selbst liegt.

Übung 1.5

Zu Beginn der eigenen, schriftlich dokumentierten Emotionsbeobachtungen lohnt es sich, die Gefühle am besten als Adjektiv zu beschreiben, indem Sie den Satz „Ich fühle mich gerade …" ergänzen. Ihre Mitteilungen bzw. die Dokumentation der von Ihnen wahrgenommenen Emotionen können Sie dann in der Retrospektive selbstreflexiv (oder ggf. mit anderen im Team) aufarbeiten und analysieren (vgl. Lubrich; Stodulka, 2019, S. 37 ff.).

Übung 1.6

Für die reflexive Arbeit an der beruflichen Haltung sind der Wille und die Fähigkeit zur biografischen Selbstreflexion von entscheidender Bedeutung. Reflexion bedeutet, sich Zeit zu nehmen, um bewusst über etwas nachzudenken. Gefühltes, Geschehenes, Getanes und Gesagtes Revue passieren zu lassen, das eigene (Berufs-)Leben unter die Lupe zu nehmen, das Bewusstsein zu schärfen, Schlüsse daraus zu ziehen, zu lernen, Erkenntnisse daraus abzuleiten und auf diesem Weg neue Ideen entstehen zu lassen. Reflexion ist eine zwingende Voraussetzung für eine gelingende Soziale Arbeit (und auch der eigene Schlüssel zum Glück).

Übung 2.1

Soziale Arbeit ist eine personenbezogene Arbeit. Sie vollzieht sich im Wesentlichen zwischen Personen, von denen oft im Zusammenwirken mit emotionalen Begleitumständen die eine hilfebedürftig und die andere unterstützend bzw. anleitend ist. Das Erkennen und Bewusstmachen von Emotionen und die Förderung einer stabilen Emotionalität bzw. der sozialen/emotionalen Intelligenz sind wichtige Aspekte im Rahmen der Erfüllung fachlicher Aufgaben. Kurzum: Im Mittelpunkt von Bildung und Erziehung, des Lernens und der Hilfe steht die sogenannte Personenänderung oder der pädagogische Bezug mit dem Ziel, das Handeln und die Handlungsfähigkeit des Adressaten bzw. der Adressatin zu erweitern und seine bzw. ihre Autonomie zu fördern.

Übung 2.2

Die Fähigkeit zum Einsatz der „Person als Werkzeug" als eine zentrale Kompetenz in der Dimension des Könnens bedeutet, dass Sozialpädagogen und Sozialarbeiter durch eine ständige Selbstreflexion begleitet und kontrolliert werden. Dazu gehört auch, sich mit seinen eigenen biografischen Erfahrungen zu „Nähe und Distanz" im Alltag, im Studium, in Ausbildung oder im Beruf selbstreflexiv auseinanderzusetzen.

Übung 3.1

Die Reflexion darüber, wie Sie selbst Freude wahrnehmen und wie Sie diese erleben, in welcher Situation Sie Freude erfahren haben und auch wie unterschiedlich Sie Ihre Freude ausdrücken, eröffnet Ihnen wertvolle Einblicke in Ihre biografisch gefärbte Emotionswelt und Ihre eigene emotionale Handlungsregulation. Die Selbstbeobachtung ermöglicht es Ihnen, die erforderliche professionelle Distanz im Arbeitskontext zu entwickeln.

Übung 3.2

Das Nachdenken darüber, in welcher Situation Sie Ihre Freude mit welcher Intensität der Empfindung koppeln und wie Sie diese Art von Freude bezeichnen, dient der Selbstreflexion. Vielleicht entdecken Sie auch blinde Flecken in Ihrem Freude-Vokabular.

Übung 3.3

Humor ist eine ernstzunehmende Krisenintervention, die geprägt ist vom schwierigen Balanceakt zwischen Respekt und Veränderungen. Auf humorvolle Weise respektvoll zu sein, funktioniert nur, wenn die Art des Humors die Persönlichkeit und die Interessen der Adressatinnen und Adressaten berücksichtigt.

Übung 3.4

Wo darf Humor anfangen und wo endet er? Fachkräfte der Sozialen Arbeit sollen Emotionen, Motive, Erwartungen und Reaktionen anderer Menschen wahrnehmen und sich in sie hineinversetzen können, ohne sich darin zu verlieren (= Empathiefähigkeit). Behinderung ist nach wie vor in unserer Gesellschaft oftmals ein Tabuthema. Ein Behindertenwitz, der andere nicht verletzt, zeichnet sich dadurch aus, dass man MIT den Menschen mit Behinderungen und nicht ÜBER sie lacht. Auch können Behindertenwitze zum Nachdenken anregen und zu Veränderungen beitragen. Aus der Humorforschung ist auch bekannt, dass wir Witze erst dann interessant finden, wenn das Thema für uns eine besondere persönliche Bedeutung hat.

Übung 3.5

Im Vorwort zu dieser Einladung „zum herzlichen Lachen über die Antisemiten" heißt es: „Na prima. Die einen bekämpfen den Antisemitismus, ernsthaft. Die anderen leugnen ihn, wie bequem. Wieder andere reduzieren ihn auf einen Streitfall, als ob es da Pro und Kontra abzuwägen gäbe. Und hier und heute versuchen wir es mit Humor, der Waffe der angeblich Wehrlosen." (Halberstam, 2020) Mit diesem Cartoon-Buch wird ein Experiment gewagt, denn es setzt darauf, die jüdische Kultur mit Spaß zu behandeln, humorvoll einen neuen Weg zu gehen und auf diesem Wege Veränderungen anzuregen. Ist der Antisemitismus ein zu ernstes Thema für den Humor? Die Beantwortung dieser Frage soll dazu animieren, sich mit dem eigenen Humorverständnis zu beschäftigen und sich dabei auch Gedanken über mögliche Grenzen des Humors zu machen.

Übung 3.6

Die Humortechniken liefern Ausgangs- und Anknüpfungspunkte für eine humorvolle Beziehungs- und Interaktionsarbeit, die Anregungen für das kreative Generieren eigener Humorinterventionen geben. Überlegen Sie, wie Sie selbst diese Techniken einsetzen würden, um weitere Beispiele zu finden.

Übung 3.7

Wird Freude auch oft mit Lachen oder Lächeln gleichgesetzt, so muss Lachen bzw. Lächeln für Dritte kein Zeichen von Freude sein. Wenn Sie humorvoll-freudig das Ende dieses Studienbuchs begehen wollen … Ihnen fällt sicherlich spontan was ein.

Lösungen der Aufgaben zur Selbstüberprüfung

Aufgabe 1.1

Emotionen steuern unsere Aufmerksamkeit, liefern uns Informationen und bewegen uns zu Handlungen.

Aufgabe 1.2

Emotionen können durch Emotionsregulation beeinflusst werden. Diese ist hedonistisch oder sozial motiviert. Auch die Kenntnis von geltenden sozialen Normen nimmt Einfluss auf emotionsregulatorische Prozesse. Weitere Regulationsstrategien sind die Unterdrückung und die Neubewertung des emotionalen Ausdrucksverhaltens.

Aufgabe 2.1

Eine emotional kompetente Fachperson kann

- ihre eigenen Emotionslagen differenziert wahrnehmen und verstehen,
- eigene belastende Emotionen erkennen, verstehen, erklären sowie nach Intensität, Ort, Zeit und Interaktionszweck flexibel handhaben,
- Emotionen beim Adressaten/bei der Adressatin erkennen, verstehen und dosiert mitfühlen,
- eigene und fremde Emotionen in der Beziehungsarbeit thematisieren,
- Emotionen zum gemeinsamen Nutzen in Handlungen umsetzen.

Aufgabe 2.2

Weitere Orte der (Selbst-)Reflexion sind neben den genannten Formen des kollegialen Dialogs und der Supervision die Fort- und Weiterbildung sowie die Beschäftigung mit Fachzeitschriften oder Fachpublikationen etc. im Selbststudium. Auch im privaten Bereich (Partner, Freunde etc.) bestehen unter Einhaltung der Datenschutzbestimmungen Austauschmöglichkeiten.

Aufgabe 2.3

Der Umgang mit (eigenen) Emotionen bei der Erbringung von personenbezogenen Dienstleistungen im Rahmen einer Emotionsarbeit ist ein Qualitätsmerkmal, das zugleich ein professionelles Erfordernis in der Sozialen Arbeit darstellt. Dazu gehören die Arbeit an den eigenen Emotionen (= deep acting), die Emotionskontrolle, der Emotionsausdruck, die Darstellung von Emotionen (= surface acting) sowie deren Unterdrückung (z. B. Wut, Ekel). Ziel der dialogisch-explorativen Emotionsarbeit ist die Beeinflussung der Emotionen der Adressatinnen und Adressaten als Subjekte (mittels Nähe und Empathie auf der Beziehungsebene durch die Interaktionsarbeit).

Aufgabe 3.1

Humoristische Interventionsstrategien ermöglichen

- einen Perspektivenwechsel,
- eine positive Umdeutung,
- eine Entdramatisierung,
- eine Entlastung von unerfüllbaren Ansprüchen,
- das Erleichtern einer angespannten Interaktion,
- das einfühlsame Unterbrechen destruktiver Handlungsmuster,
- Grenzen zu setzen und professionelle Distanz zu schaffen.

Aufgabe 3.2

Der Einsatz von Humor muss nicht nur bezüglich der Rolle der Fachkraft reflektiert werden, sondern auch an die spezifischen Bedingungen der Handlungs-/Arbeitsfelder Sozialer Arbeit und des Adressaten bzw. der Adressatin angepasst werden. In Kenntnis der möglichen negativen Aspekte von Humor ist es im professionellen Handeln essenziell, ein Sensorium für das Humorverständnis eines jeden Adressaten bzw. einer jeden Adressatin im Rahmen einer Humoranamnese individuell zu entwickeln, denn dieses kann aufgrund unterschiedlicher Sichtweisen und (Lebens-)Geschichten der Adressatinnen und Adressaten ganz unterschiedlich sein. Der Humor muss zum Adressaten bzw. zur Adressatin und gleichermaßen zur Situation passen.

Glossar

Basisemotionen	Vorstellung, dass es kulturell allgemeingültige Ausdrucksformen von Emotionen gibt
Emotionsarbeit	umfasst das Wahrnehmen und Regulieren der eigenen und/oder der fremden Emotionen
Emotionsregulation	Prozesse, die uns ermöglichen, Einfluss auf Emotionen zu nehmen
Facial-Action-Coding-System	weltweit verbreitetes psychologisches Kodierungsverfahren zur Beschreibung von Gesichtsausdrücken
Humortechnik	beschreibt anschaulich die Art des Einsatzes von Humor im Rahmen einer Intervention
Humortheorie	beinhaltet die grundlegende Analyse spezifischer Kennzeichen des Phänomens, seines Wesens und/oder seiner Funktion
Humoralpathologie	eine bis ins 19. Jahrhundert gültige Krankheitslehre von den Körpersäften; Ausgangspunkt ist, dass sich wie überall in der Natur die Grundelemente und ihre Eigenschaften auch im Körper des Menschen wiederfinden
Komik	Steht für eine Form von Inszenierung und Konstruktion. Komisch kann nur das sein, was offensichtlich ist.
Kompetenzen	Sie stehen für die Fähigkeiten einer Person, Anforderungen in einem bestimmten Bereich gewachsen zu sein.
Neurophysiologie	Sie befasst sich vor allem mit der Funktionsweise des menschlichen Nervensystems.
Person als Werkzeug	Das berufliche Handeln in der Sozialen Arbeit wird durch den reflexiven und strategischen Einsatz der eigenen Persönlichkeit verwirklicht.
Persönlichkeitsdispositionen	Begriff zur Erklärung interindividuell unterschiedlicher Wahrscheinlichkeiten für das Auftreten bestimmter Verhaltensweisen, Emotionen, Symptome oder sonstiger individueller Eigenheiten.
Phänomen	aus Daten erschlossene, selten direkt beobachtbare Erscheinung
Sozialdrama	Die Handlung und Charaktere eines Sozialdramas sind durch ihre sozialen Umstände gekennzeichnet.
Supervision	Supervision ist ein durch Kontrakt geregelte berufsbezogene Beratung und Weiterbildung u. a. von Fachkräften der Sozialen Arbeit.
Witz	Eine kurze, selbstständige, fiktionale, komisch pointierte Erzählung, die der Herstellung einer sozialen Beziehung dient. Witze erzählt man sich in der Regel nicht selbst.

Literaturverzeichnis

Adamson, M. W. (2020). *Wie der mensch seinen leib in gesundheyt behalten sol. Die mittelalterlichen Gesundheitslehren am Übergang vom Lateinischen ins Deutsche.* https://dokumenty.osu.cz/ff/journals/studiagermanistica/2020-26/01_SG_26_Adamson.pdf (03.06.2021).

Altman, T. (2018). *Empathie.* https://www.socialnet.de/lexikon/Empathie (28.05.2021).

Aßmann, A. ; Krüger, J. O. (2011). *Ironie in der Pädagogik – Annäherungen und Perspektiven.* In: Aßmann, A.; Krüger, J. O. (Hrsg.): Ironie in der Pädagogik – Theoretische und empirische Studien zur pädagogischen Bedeutsamkeit der Ironie. Weinheim/München: Juventa, S. 7–24.

Bachmaier, H. (2008). *Warum lachen die Menschen? Über Komik und Humor.* Uni auditorium. München: Komplett-Media.

Bachmaier, H. (2003). *Warum lachen die Menschen? Über Komik und Humor.* In: Bachmaier, H. (Hrsg.): Lachen macht stark. Humorstrategien. Göttingen: Wallstein, S. 9–23.

Badura, B. (1990). *Interaktionsstreß. Zum Problem der Gefühlsregulierung in modernen Gesellschaften.* Zeitschrift für Soziologie, (19) 5, S. 317–328.

Bauer, P. (2019). *Emotionen in der Sozialen Arbeit.* Unsere Jugend, (71) 3, S. 98–104.

Bauer, P. ; Dörr, M. ; Dollinger, B. ; Neumann, S. (2018). *Wa(h)re Gefühle? Einleitende Skizzen zum Stellenwert von Emotionen in der Sozialen Arbeit.* In: Kommission Sozialpädagogik (Hrsg.): Wa(h)re Gefühle? Sozialpädagogische Emotionsarbeit im wohlfahrtsstaatlichen Kontext. Weinheim/Basel: Beltz Juventa, S. 9–13.

Baurmann, M. (1999). *Durkheims individualistische Theorie der sozialen Arbeitsteilung.* In: Friedrichs, J.; Jagodzinski, W. (Hrsg.): Soziale Integration. Opladen/Wiesbaden: Westdeutscher Verlag, S. 85–114.

Bergson, H. (1921). *Das Lachen.* In: Bachmaier, H. (Hrsg.) (2005): Texte zur Theorie der Komik. Stuttgart: Reclam, S. 78–88.

Birkenbihl, V. F. (2011). *Humor. An Ihrem Lachen soll man Sie erkennen.* 6. Auflage, München: mgv.

Bischofberger, I. (Hrsg.) (2008). *„Das kann ja heiter werden." Humor und Lachen in der Pflege.* 2., überarbeitete und erweiterte Auflage, Göttingen: Huber.

Böhle, F. (2011). *Interaktionsarbeit als wichtige Arbeitstätigkeit im Dienstleistungssektor.* WSI Mitteilungen, (63) 9, S. 456–461.

Böhle, F.; Glaser, J. (2006a). *Arbeit in der Interaktion – Interaktion als Arbeit. Arbeitsorganisation und Interaktionsarbeit in der Dienstleistung.* Wiesbaden: VS.

Böhle, F.; Glaser, J. (2006b). *Interaktion als Ausgangspunkt.* In: Böhle, F.; Glaser, J. (Hrsg.): Arbeit in der Interaktion – Interaktion als Arbeit. Arbeitsorganisation und Interaktionsarbeit in der Dienstleistung. Wiesbaden: VS, S. 11–15.

Böllert, K. ; Wazlawik, M. (Hrsg.) (2014). *Sexualisierte Gewalt. Institutionelle und professionelle Herausforderungen.* Wiesbaden: Springer.

Bönsch-Kauke, M. (2003). *Psychologie des Kinderhumors. Schulkinder unter sich.* Opladen: Leske & Budrich.

Bollnow, O. F. (1968). *Die pädagogische Atmosphäre. Untersuchungen über die gefühlsmäßigen zwischenmenschlichen Voraussetzungen der Erziehung.* 3. Auflage, Heidelberg: Quelle & Meyer.

Bosch, A. (2019). *Freude, Glück, Wohlbefinden.* In: Kappelhoff, H.; Bakels, J.-H.; Lehmann, H. (Hrsg.): Emotionen. Ein interdisziplinäres Handbuch. Berlin: J. B. Metzler, S. 144–149.

Brandstätter, V. ; Schüler, J. ; Puca, R. M. ; Lozo, L. (2018). *Motivation und Emotion. Allgemeine Psychologie für den Bachelor.* 2. Auflage, Berlin: Springer.

Brandstätter, V. ; Otto, J. H. (2009). *Motivation und Emotion: Eine Einführung.* In: Brandstätter, V.; Otto, J. H. (Hrsg.): Handbuch der Allgemeinen Psychologie – Motivation und Emotion. Göttingen u. a.: Hogrefe.

Breithaupt, F. (2009). *Kulturen der Empathie.* Frankfurt am Main: Suhrkamp.

Bremmer, J. ; Roodenburg, H. (1999). *Humor und Geschichte: Eine Einführung.* In: Bremmer, J.; Roodenburg, H. (Hrsg.): Kulturgeschichte des Humors – Von der Antike bis heute. Darmstadt: Wissenschaftliche Buchgesellschaft, S. 9–17.

Bundesministerium für Bildung und Forschung (2021). *Deutscher Qualifikationsrahmen – Glossar.* https://www.dqr.de/content/2325.php (27.05.2021).

Colla, H. E. (1999). *Personale Dimension des sozialpädagogischen Könnens – der pädagogische Bezug.* In: Colla, H. E. et al. (Hrsg.): Handbuch Heimerziehung und Pflegekinderwesen in Europa. Neuwied: Luchterhand, S. 341–362.

Czarny, M. (2016). *Humor im Fokus Fallrekonstruktiver Sozialer Arbeit. Eine Einzelfallstudie im Kontext jugendlicher Devianz und Wohnungslosigkeit.* Bd. 4 Reihe Fallrekonstruktive Soziale Arbeit. Ibbenbühren: Münstermann.

Dörr, M. ; Müller, B. (2019). *Einleitung: Nähe und Distanz als Strukturen der Professionalität pädagogischer Arbeitsfelder.* In: Dörr, M. (Hrsg.): Nähe und Distanz. Ein Spannungsfeld pädagogischer Professionalität. Weinheim/Basel: Beltz Juventa, S. 14–39.

Dumbs, F. (2002). *Humor in der Psychotherapie. Eine explorative Studie zum Auftreten und zur Wirkung einer intentionalen Humorverwendung in der Verhaltenstherapie.* Lengerich u. a.: Pabst Science Publishers.

Dunkel, W. (1988). *Wenn Gefühle zum Arbeitsgegenstand werden: Gefühlarbeit im Rahmen personenbezogener Dienstleistungstätigkeiten.* Soziale Welt, (39) 1, S. 66–85.

Durkheim, E. (1893/1996). *Über soziale Arbeitsteilung: Studie über die Organisation höherer Gesellschaften.* 2. Auflage, Frankfurt am Main: Suhrkamp.

Effinger, H. (2008a). *Zur Einführung.* In: Effinger, H. (Hrsg.): „Die Wahrheit zum Lachen bringen“ – Humor als Medium in der Sozialen Arbeit. Weinheim/München: Juventa, S. 9–15.

Effinger, H. (2008b). *Gleichgewicht halten – Er(n)ste Gedanken zwischen den Ambivalenzen und Paradoxien Sozialer Arbeit.* In: Effinger, H. (Hrsg.): „Die Wahrheit zum Lachen bringen“ – Humor als Medium in der Sozialen Arbeit. Weinheim/München: Juventa, S. 17–55.

Effinger, H. (2006). *Lachen erlaubt. Witz und Humor in der Sozialen Arbeit.* Regensburg: edition buntehunde.

Effinger, H. (2005). *Mit Humor durch schwere Zeiten?* Sozialmagazin, (30) 2, S. 4–20.

Ekman, P. (2017). *Gefühle lesen. Wie Sie Emotionen erkennen und richtig interpretieren.* 2. Auflage, Berlin/Heidelberg: Springer.

Ernst, H. (2014). *Die Sieben Todsünden: Heute noch relevant?* Aus Politik und Zeitgeschichte, (64) 52, S. 3–7.

Euler, B. (1991). *Strukturen mündlichen Erzählens: Parasyntaktische und sententielle Analysen am Beispiel des englischen Witzes.* Script Oralia 31.Tübingen: Narr.

Evans, D. (2013). *Emotionen. Eine sehr kurze Einführung.* Bern: Hans Huber.

Eysenck, H.-J. (1972). *Foreword.* In: Goldstein, J. H.; McGhee, P. E. (Hrsg.): The psychology of humor: Theoretical perspectives and empirical issues. New York: Academic Press, S. xiii–xvii.

Falkenberg, I. (2010). *Entwicklung von Lachen und Humor in verschiedenen Lebensphasen.* Zeitschrift für Gerontologie und Geriatrie, (43) 1, S. 25–30.

Farrely, F.; Brandsma, J. M. (1974/1986). *Provokative Therapie.* Heidelberg: Springer.

Festinger, L. (1968). *Eine Theorie der kognitiven Dissonanz.* Reprint. Stanford: Stanford Univ. Press.

Flam, H. (2002). *Soziologie der Emotionen. Eine Einführung.* Konstanz: UTB.

Freud, S. (1940/1971). *Der Witz und seine Beziehung zum Unbewußten.* Frankfurt a. M./Hamburg: Fischer.

Freud, S. (1927/1992). *Der Humor.* Frankfurt a. M.: Fischer.

Frevert, U. (2020). *Mächtige Gefühle. Von A wie Angst bis Z wie Zuneigung. Deutsche Geschichte seit 1900.* 2. Auflage, Frankfurt a. M.: Fischer.

Frevert, U. (2011). *Gefühle definieren: Begriffe und Diskurse aus drei Jahrhunderten.* In: Frevert, U. et al. (Hrsg.): Gefühlswissen. Eine lexikalische Spurensuche in der Moderne. Frankfurt a. M./ New York: Campus, S. 9–39.

Frey, D. (2017). *Psychologie der Sprichwörter. Weiß die Wissenschaft mehr als Oma?* Berlin/ Heidelberg: Springer.

Frings, W. (1996). *Humor in der Psychoanalyse. Eine Einführung in die Möglichkeiten humorvoller Intervention.* Stuttgart u. a.: Kohlhammer.

Fröhlich, W. D. ; Drever, J. (1981). *Wörterbuch zur Psychologie.* 13., bearbeitete und ergänzte Auflage, München: dtv.

Gaus, D. ; Drieschner, E. (2011). *Pädagogische Liebe. Anspruch oder Widerspruch von professioneller Erziehung.* In: Drieschner, E.; Gaus, D. (Hrsg.): Liebe in Zeiten pädagogischer Professionalisierung. Wiesbaden: VS, S. 7–26.

Gebauer, G. ; Holodynski, M.; Koelsch, St. ; Schieve, C. von (2017). *Von der Emotion zur Sprache. Wie wir lernen, über Gefühle zu reden.* Weilerswist: Vellbrück Wissenschaft.

Gerhards, J. (1988). *Soziologie der Emotionen. Feststellungen, Systematik und Perspektiven.* Weinheim/München: Juventa.

Goffman, E. (1959/2013). *Wir alle spielen Theater. Die Selbstdarstellung im Alltag.* 13. Auflage, München: Piper.

Golz, A. (2006). *Kompetenzen in der Zusammenarbeit mit Familien und Helfersystemen.* In: Conen, M.-L. (Hrsg.): Wo keine Hoffnung ist, muss man sie erfinden. 3. Auflage, Heidelberg: Carl-Auer, S. 174–185.

Gruntz-Stoll, J. (2001). *Ernsthaft humorvoll – Lachen(d) Lernen in Erziehung und Unterricht, Beratung und Therapie.* Bad Heilbrunn/Obb.: Klinkhardt.

Hafeneger, B. et al. (2018). *Editorial. Politische Bildung.* Journal für politische Bildung, (2), S. 2.

Halberstam, M. (Hrsg.) (2020). *Antisemitismus für Anfänger. Eine Anthologie.* Berlin: Ariella.

Hamburger, F. (2005). *Ungewissheitsbewältigung durch gelotologisch fundierte kommunikative Kompetenz. Über das Komische in der Wissenschaft und die Heiterkeit der Sozialpädagogik.* Neue Praxis, (1), S. 85–89.

Hancken, S. A. (2020). *Beziehungsgestaltung in der Sozialen Arbeit.* Göttingen: Vandenhoeck & Ruprecht.

Hansmeier, K. ; Ullmann, E. (2020). *Humor. Das Manifest für verzögerte Schlagfertigkeit.* 2. Auflage, Leipzig: Deutsches Institut für Humor.

Hausendorf, S. (2019). *Humor im Arbeitskontext. Über den Einsatz von konstruktivem und destruktivem Humor in der Arbeitswelt.* Wiesbaden: Springer.

Havertz, R. (2016). *140 Zeichen Hass und Liebe.* Zeit Online https://www.zeit.de/politik/ausland/2016-07/donald-trump-social-media-strategie-wahlkampf-us-wahl (22.05.2021).

Heller, A. (1980). *Theorie der Gefühle.* Hamburg: VSA.

Helsper, W. (2021). *Professionalität und Professionalisierung pädagogischen Handelns: Eine Einführung.* Opladen/Toronto: Barbara Budrich.

Hirsch, R. D. (2001). *Humor in der Psychotherapie alter Menschen.* In: Hirsch, R. D.; Bruder, J.; Radebold, H. (Hrsg.): Heiterkeit und Humor im Alter. Schriftenreihe der Deutschen Gesellschaft für Gerontopsychiatrie und -psychotherapie. Band 2. Bonn/Hamburg/Kassel: o. V., S. 81–117.

Hobbes, T. (1658/2005). *Vom Menschen.* In: Bachmaier, H. (Hrsg.): Texte zur Theorie der Komik. Stuttgart: Reclam, S. 16–17.

Hochschild, A. R. (1990). *Das gekaufte Herz. Zur Kommerzialisierung der Gefühle.* Frankfurt/New York: Campus.

Hülshoff, Th. (2012). *Emotionen. Eine Einführung für beratende, therapeutische, pädagogische und soziale Berufe.* 4., aktualisierte Fassung, München/Basel: Reinhardt.

Illouz, E. (2019). *Gefühle in Zeiten des Kapitalismus. Adorno-Vorlesungen.* 7. Auflage, Berlin: Suhrkamp.

Illouz, E. (2018). *Wa(h)re Gefühle. Authentizität im Konsumkapitalismus.* Berlin: Suhrkamp.

Illouz, E. (2007). *Cold Intimacies.* Cambridge: Polity Press.

Izard, C. E. (1994). *Die Emotionen des Menschen. Eine Einführung in die Grundlagen der Emotionspsychologie.* 3. Auflage, Weinheim: Beltz.

Janssens, M. (2010). *Humor als Intervention, die Betreuung verändert. Spaß mit Menschen, die mit einer geistigen Behinderung leben.* Tübingen: dgvt.

Junge, M. ; Reisenzein, R. (2018). *Emotionen.* In: Strohmer, J. (Hrsg.): Psychologische Grundlagen für Fachkräfte in Kindergarten, Krippe und Hort. Bern: Hogrefe, S. 71–79.

Kalberg, St. (2013). *Max Weber: Wirtschaft und Gesellschaft/Die protestantische Ethik und der Geist des Kapitalismus.* In: Senge, K.; Schützeichel, R. (Hrsg.): Hauptwerke der Emotionssoziologie. Wiesbaden: Springer, S. 360–369.

Kanning, U. P. (2005). *Soziale Kompetenzen. Praxis der Personalpsychologie.* Göttingen u. a.: Hofgrefe.

Kant, I. (1790/2005). *Kritik der Urteilskraft.* In: Bachmaier, H. (Hrsg.): Texte zur Theorie der Komik. Stuttgart: Reclam, S. 24–28.

Kappelhoff, H. ; Bakels, J.-H. ; Lehmann, H. ; Schmitt, C. (Hrsg.) (2019). *Emotionen. Ein interdisziplinäres Handbuch.* Berlin: J. B. Metzler.

Karasek, H. (2015). *Das find ich aber gar nicht komisch. Geschichte in Witzen und Geschichten über Witze.* Köln: Bastei.

Karasek, H. (2014). *Soll das ein Witz sein? Humor ist, wenn man trotzdem lacht.* München: Heyne.

Kassner, D. (2002). *Humor im Unterricht. Können schulische Leistungen und berufliche Qualifikationen durch Pädagogischen Humor verbessert werden?* Baltmannsweiler: Schneider.

Kast, V. (2016). *Humor in der tiefenpsychologischen Psychotherapie.* In: Wild, B. (Hrsg.): Humor in Psychiatrie und Psychotherapie. Neurobiologie – Methoden – Praxis. 2., überarbeitete und erweiterte Auflage, Stuttgart: Schattauer, S. 110–120.

Kirchmayr, A. (2010). *Humor – ein Elixier der Lebenskunst und des Konfliktmanagements.* Sozialarbeit in Österreich (SIÖ), (4), S. 10–16.

Klatetzki, T. (2017). *Moralsysteme in Einrichtungen der Kinder- und Jugendhilfe.* Sozialmagazin, 42 (78), S. 85–90.

Klatetzki, T. (2010). *Soziale personenbezogene Dienstleistungsorganisationen als emotionale Arenen – ein theoretischer Vorschlag.* Neue Praxis, 40 (5), S. 475–493.

Klika, D. ; Schubert, V. (2004). *Einleitung.* In: Klika, D.; Schubert, V. (Hrsg.): Bildung und Gefühl. Baltmannsweiler: Schneider, S. 7–18.

Klinkhammer, J. ; Salisch, M. von (2015). *Emotionale Kompetenz bei Kindern und Jugendlichen. Entwicklung und Folgen.* Stuttgart: Kohlhammer.

Knoblauch, H. ; Herbrik, R. (2013). Erwing Goffmann: *Social Embarrassment and Social Organization.* In: Senge, K.; Schützeichel, R. (Hrsg.): Hauptwerke der Emotionssoziologie. Wiesbaden: Springer, S. 140–143.

Kochinka, A. (2004). *Emotionstheorien. Begriffliche Arbeit am Gefühl.* Bielefeld: Transcript.

Kotthoff, H. (1996). *Vom Lächeln der Mona Lisa zum Lachen der Hyänen.* In: Kotthoff, H. (Hrsg.): Das Gelächter der Geschlechter. Humor und Macht in Gesprächen von Frauen und Männern. 2., überarbeitete. und erweiterte Auflage, Konstanz: UVK, S. 121–163.

Kresse, A. ; Ullmann, E. (2008). *Humor im Business – Gewinnen mit Witz und Esprit.* Berlin: Cornelsen.

Kunyk, D. ; Olson, J. (2001). *Larification of Conceptualizations of Empathy.* Journal of Advanced Nursing, (35), S. 317–325.

Langeveld, M. J. (1969). *Einführung in die theoretische Pädagogik.* 7. Auflage, Stuttgart: Klett.

Leben & Lieben (o. J.). *Die hippokratische Temperamentenlehre.* https://www.mensch-und-psyche.de/typenmodelle/temperamentenlehre/ (05.04.2021).

Lelord, F. ; André, Chr. (2008). *Die Macht der Emotionen und wie sie unseren Alltag bestimmen.* 2. Auflage, München/Zürich: Piper.

Lersch, P. (1946). *Die Philosophie des Humors. Der Mensch als Schnittpunkt.* Erschienen in „Die Neue Zeitung", 11. November 1946. http://www.kirchameck.de/texte5.html (31.03.2021).

Ley, T. ; Ziegler, H. (2012). *Rollendiffusion und sexueller Missbrauch. Organisations- und professionstheoretische Perspektiven.* In: Andresen, S.; Heitmeyer, W: (Hrsg.): Zerstörerische Vorgänge. Missachtung und sexuelle Gewalt gegen Kinder und Jugendliche in Institutionen. Weinheim/Basel: Beltz Juventa, S. 264–280.

Limbrunner, A. (1995). *Wie witzlos ist Sozialarbeit? Humor gegen Helferleiden.* Sozialmagazin, 20 (7–8), S. 76–80.

Lohmeier, A. (2018). *Humor in der Beratung.* Weinheim/Basel: Beltz Juventa.

Lubrich, O. ; Stodulka, Th. (2019). *Emotionen auf Expeditionen. Ein Taschenhandbuch für die ethnographische Praxis.* Bielefeld: Transcript.

Lutz, R. (2020). *Tripelmandat.* https://www.socialnet.de/lexikon/Tripelmandat (26.05.2021).

Magyar-Haas, V. (2018). *Die Bearbeitbarkeit von Emotionen: Theoretische Vergewisserungen und empirische Verunsicherungen.* In: Kommission Sozialpädagogik (Hrsg.): Wa(h)re Gefühle? Sozialpädagogische Emotionsarbeit im wohlfahrtsstaatlichen Kontext. Weinheim/Basel: Beltz Juventa, S. 16–35.

Maraval, V. ; Loach, K. (2016). *Ich, Daniel Blake.* Großbritannien/Frankreich/Belgien: Sixteens Films.

Marx, K. (1844/1968). *Ökonomisch-philosophische Manuskripte aus dem Jahre 1844.* www.mlwerke.de/me/me40/me40_465.htm (26.05.2021).

Meinhold, M. (2010). *Über Einzelfallhilfe und Case Management.* In: Thole, W. (Hrsg.): Grundriss Soziale Arbeit. Ein einführendes Handbuch. 3., überarbeitete und erweiterte Auflage, Wiesbaden: Springer, S. 635–647.

Miczuga, L. (2017). *Bauchgefühle. Blinde Antreiber oder Ausdruck professioneller Haltung?* Sozialmagazin, 42 (7–8), S. 58–65.

Moody, R. (1979). *Lachen! Über die heilende Kraft des Humors.* Reinbek bei Hamburg: Rowohlt.

Müller, B. (2015). *Gefühle, Emotionen, Affekte.* In: Otto, H.-U.; Thiersch, H. (Hrsg.): Handbuch Soziale Arbeit. Grundlagen der Sozialarbeit und Sozialpädagogik. 5., erweiterte Auflage, München/Basel: Reinhardt, S. 508–515.

Müller, B. (2010). *Professionalität.* In: Thole, W. (Hrsg.): Grundriss Soziale Arbeit. Ein einführendes Handbuch. 3., überarbeitete und erweiterte Auflage, Wiesbaden: VS, S. 955–974.

Müller, B. (2003). *Selbstbestimmung und professionelle Autonomie.* neue praxis, 33 (3–4), S. 265–269.

Müller, R. A. (1973). *Komik und Satire.* Dissertation. Zürich: Juris.

Nohl, H. (1988). *Die pädagogische Bewegung in Deutschland und ihre Theorie.* Erstmals erschienen 1933. 10. Auflage, Frankfurt a. M.: Schulte-Bulmke.

Nohl, H. (1947). *Die sittlichen Grunderfahrungen. Eine Einführung in die Ethik.* Frankfurt a. Main: Schulte-Bulmke.

Nussbaum, M. N. (2016). *Politische Emotionen. Warum Liebe für Gerechtigkeit wichtig ist.* Berlin: Suhrkamp.

Nussbaum, M. N. (1999). *Gerechtigkeit oder Das Gute Leben.* Frankfurt a. M.: Suhrkamp.

Nymoen, O. ; Schmitt, W. M. (2021). *Influencer. Die Ideologie der Werbekörper.* Berlin: Suhrkamp.

Oevermann, U. (1996). *Theoretische Skizze einer revidierten Theorie professionalisierten Handelns.* In: Come, A.; Helsper, W. (Hrsg.): Pädagogische Professionalität. Untersuchungen zum Typus pädagogischen Handelns. Frankfurt a. M.: Suhrkamp, S. 70–182.

Papousek, I. (2008). *Heiterkeit und Gelassenheit trainieren mit Lachen.* In: Effinger, H. (Hrsg.): „Die Wahrheit zum Lachen bringen". Humor als Medium in der Sozialen Arbeit. Weinheim/München: Juventa, S. 87–105.

Pettenkofer, A. (2013). *Emile Durkheim: Die elementaren Formen des religiösen Lebens.* In: Senge, K.; Schützeichel, R. (Hrsg.): Hauptwerke der Emotionssoziologie. Wiesbaden: Springer, S. 94–102.

Preisendanz, W. (1974). *Humor.* In: Ritter, J. et al. (Hrsg.): Historisches Wörterbuch der Philosophie. Dritter Band: G bis H. Basel: Schwabe & Co., S. 1232–1234.

Räwel, J. (2005). *Humor als Kommunikationsmedium.* Konstanz: UVK.

Rattner, J. ; Danzer, G. (2008). *Meister des großen Humors – Entwürfe zu einer heiteren Lebens- und Weltanschauung.* Würzburg: Königshausen & Neumann.

Reichertz, J. (2013). *Gefühle lesen*. In: Senge, K.; Schützeichel, R. (Hrsg.): Hauptwerke der Emotionssoziologie. Wiesbaden: Springer, S. 103–107.

Reckwitz, A. (2019). *Das Ende der Illusionen. Politik, Ökonomie und Kultur in der Spätmoderne.* Berlin: Suhrkamp.

Rißland, B. (2008). *Leichte Kost für schwere Arbeit – Humor als professionelle Bewältigungsstrategie.* In: Effinger, H. (Hrsg.): „Die Wahrheit zum Lachen bringen" – Humor als Medium in der Sozialen Arbeit. Weinheim/München: Juventa, S. 177–186.

Rißland, B. (2002). *Humor und seine Bedeutung für den Lehrerberuf.* Bad Heilbrunn/Obb.: Klinkhardt.

Robinson, V. M. (2002). *Praxishandbuch Therapeutischer Humor. Grundlagen und Anwendungen für Gesundheits- und Pflegeberufe.* 2. Auflage, Bern u. a.: Huber.

Rosenbauer, N. ; Düring, D. (2013). *Gefühle und Erziehungshilfen.* Forum Erziehungshilfen, 19 (4), S. 194.

Rosenberg, M. B. (2010). *Gewaltfreie Kommunikation. Eine Sprache des Lebens.* 8. Auflage, Paderborn: Junfermann.

Rost, W. (2001). *Emotionen. Elixiere des Lebens.* 2. Auflage, Berlin/Heidelberg: Springer.

Roth, M. ; Altmann, T. ; Schönefeld, V. (2016). *Einleitung: Definitionen, Modelle und Trainierbarkeit von Empathie.* In: Roth, M.; Schönefeld, V.; Altmann, T. (Hrsg.): Trainings- und Interventionsprogramme zur Förderung von Empathie. Ein praxisorientiertes Kompendium. Berlin/Heidelberg: Springer, S. 1–8.

Rothermund, K. ; Eder, A. (2011). *Allgemeine Psychologie: Motivation und Emotion.* Wiesbaden: VS.

Rotz, J. von ; Tokarski, K. O. (2020). *Social Influence.* In: Schellinger, J.; Tkoarski, K. O.; Kissling-Näf, I. (Hrsg.): Digitale Transformation und Unternehmensführung. Trends und Perspektiven für die Praxis. Wiesbaden: Springer, S. 407–434.

Ruch, W. (2016). *Humor und Charakter.* In: Wild, B. (Hrsg.): Humor in Psychiatrie und Psychotherapie. Neurobiologie – Methoden – Praxis. 2., überarbeitete und erweiterte Auflage, Stuttgart: Schattauer, S. 8–31.

Rüeger, B. P. ; Hannich, F. M. (2010). *Erfolgsfaktor Emotionalisierung. Wie Unternehmen die Herzen der Kunden gewinnen.* Freiburg: Schäffer-Poeschel.

Scherer, K. R. (2005). *What are emotions? And how can they be measured?* Social Science Information, 44 (4), S. 695–729. https://www.unige.ch/cisa/files/6914/6720/3988/2005_Scherer_SSI.pdf (26.05.2021).

Schilling, J. ; Klus, S. (2015). *Soziale Arbeit. Geschichte – Theorie – Profession.* 6., vollständig überarbeitete Auflage, München/Basel: Reinhardt.

Schilling, J. ; Muderer, C. (2010). *Der Clown in der sozialen und pädagogischen Arbeit. Methoden und Techniken wirksam einsetzen.* München: Reinhardt.

Schinzilarz, C. V. ; Friedli, C. (2013). *Humor in Coaching, Beratung und Training.* Weinheim/Basel: Beltz.

Schmid, M. (1998). *Soziales Handeln und strukturelle Selektion. Beiträge zur Theorie sozialer Systeme.* Opladen/Wiesbaden: Westdeutscher Verlag.

Schmid Noerr, G. (2003). *Moralische und unmoralische Gefühle.* In: Dörr, M.; Göppel, R. (Hrsg.): Bildung der Gefühle. Innovation? Illusion? Intrusion? Gießen: Psychsozial, S. 40–76.

Schmidt-Atzert, L. (1996). *Lehrbuch der Emotionspsychologie.* Stuttgart/Berlin/Köln: Kohlhammer.

Schön, D. A. (1990). *Educating the reflective practitioner.* 4. Auflage, San Francisco/Oxford: Jossey-Bass Publishers.

Schön, D. A. (1983). *The reflective practitioner. How professionals think in action.* New York: Perseus Book.

Schreiner, J. (2003). *Humor bei Kindern und Jugendlichen. Eine Reise durch die Welt des kindlichen Humors.* Berlin: VWB.

Schröder, C. (2017). *Emotionen und professionelles Handeln. Eine Ethnographie der Emotionsarbeit im Handlungsfeld der Heimerziehung.* Dissertation. Wiesbaden: Springer VS.

Schulze-Krüdener, J. ; Kammers, K. (2017). *„Das geht einfach nur mit Humor." Über die Unmöglichkeit einer Sozialen Arbeit ohne Humor.* Hamburg: Dr. Kovač.

Schützeichel, R. (2013). *Georg Simmel: Soziologie. Untersuchungen über die Formen der Vergesellschaftung.* In: Senge, K.; Schützeichel, R. (Hrsg.): Hauptwerke der Emotionssoziologie. Wiesbaden: Springer, S. 311–332.

Schützeichel, R. (2006). *Emotionen und Sozialtheorie – eine Einleitung.* In: Schützeichel, R. (Hrsg.): Emotionen und Sozialtheorie. Disziplinäre Ansätze. Frankfurt/New York: Campus, S. 7–26.

Senge, K. (2013). *Die Wiederentdeckung der Gefühle. Zur Einleitung.* In: Senge, K.; Schützeichel, R. (Hrsg.): Hauptwerke der Emotionssoziologie. Wiesbaden: Springer, S. 11–32.

Siebert, H. (2012). *Die heitere Vernunft des Humors.* Schwalbach/Ts.: b | d.

Siebert, H. (2003). *Die bunte Welt des Humors. Komik und Humor, pädagogisch betrachtet.* Frankfurt a. M.: VAS.

Simmel, G. (1903/2006). *Die Großstädte und das Geistesleben.* Frankfurt a. M.: Suhrkamp.

Simmel, G. (1906). *Die Religion.* Frankfurt a. M.: Rütten & Loening.

Spiegel, H. von (2018). *Methodisches Handeln in der Sozialen Arbeit. Grundlagen und Arbeitshilfen für die Praxis.* 6., durchgesehene Auflage, München: Reinhardt.

Stangl, W. (2021a). *Motive und Motivation.* https://arbeitsblaetter.stangl-taller.at/MOTIVATION/ (23.05.2021).

Stangl, W. (2021b). *Alexithymie, Gefühlsblindheit.* www.https://arbeitsblaetter.stangl-taller.at/EMOTION/Alexithymie.shtml (31.03.2021).

Stangl, W. (2021c). *Humor. Online-Lexikon für Psychologie und Pädagogik.* www.https://lexikon.stangl.eu/10523/humor (31.3.2021).

Staub-Bernasconi, S. (1995). *Das fachliche Selbstverständnis Sozialer Arbeit – Wege aus der Bescheidenheit. Soziale Arbeit als „Human Rights Profession".* In: Wendt, W. R. (Hrsg.): Soziale Arbeit im Wandel ihres Selbstverständnisses. Beruf und Identität. Freiburg im Breisgau: Lambertus, S. 57–104.

Tetzer, M. (2009). *Zum Verhältnis von Emotionalität und Rationalität in der Sozialpädagogik.* In: Meyer, C.; Tetzer, M.; Rensch, K. (Hrsg.): Liebe und Freundschaft in der Sozialpädagogik. Personale Dimension professionellen Handelns. Wiesbaden: VS, S. 103–120.

Thiersch, H. (2019). *Nähe und Distanz in der Sozialen Arbeit.* In: Dörr, M. (Hrsg.): Nähe und Distanz. Ein Spannungsfeld pädagogischer Professionalität. Weinheim/Basel: Beltz Juventa, S. 42–59.

Tisdale, T. (1998). *Selbstreflexion, Bewusstsein und Handlungsregulation. Fortschritte der psychologischen Forschung.* Band 39. Weinheim: Beltz.

Titze, M. ; Eschenröder, Chr. T. (1998). *Therapeutischer Humor. Grundlagen und Anwendungen.* Frankfurt a. M.: Fischer.

Turek, R.-M. (2008). *Humorvoll agieren. Wege zur Entwicklung eines eigenen Humorstils.* In: Effinger, H. (Hrsg.): „Die Wahrheit zum Lachen bringen" Humor als Medium in der Sozialen Arbeit. Weinheim/München: Juventa, S. 187–208.

Ulich, D. ; Mayring, P. (2003). *Psychologie der Emotionen.* 2. überarbeitete und erweiterte Auflage, Stuttgart: Kohlhammer.

Ullmann, E. (2020). *Humor ist Chefsache. Besser führen, verhandeln und präsentieren – so entwickeln Sie Ihren humorvollen Fingerabdruck.* Wiesbaden: Springer.

Wassmann, C. (2002). *Die Macht der Emotionen. Wie Gefühle unser Denken und Handeln beeinflussen.* Darmstadt: Wissenschaftliche Buchgesellschaft.

Weber, M. (1919–1920/2006). *Wirtschaft und Gesellschaft.* Paderborn: Voltmedia.

Weber, M. (1904–1905/1996). *Die protestantische Ethik und der „Geist" des Kapitalismus. Textausgabe auf der Grundlage der ersten Fassung von 1904/05 mit einem Verzeichnis der wichtigsten Zusätze und Veränderungen aus der zweiten Fassung von 1920.* Herausgegeben und eingeleitet von Klaus Lichtblau und Johannes Weiß. 2. Auflage, Weinheim: Beltz Athenäum.

Wicki, W. (2000). *Humor und Entwicklung: Eine kritische Übersicht.* Zeitschrift für Entwicklungspsychologie und Pädagogische Psychologie, 32 (4), S. 173–185.

Wild, B. (2016a). *Einleitung.* In: Wild, B. (Hrsg.): Humor in Psychiatrie und Psychotherapie. Neurobiologie. 2. Auflage, Stuttgart: Schattauer, S. 1–7.

Wild, B. (2016b). *Humor, Gesundheit und psychische Erkrankungen – ein Beipackzettel.* In: Wild, B. (Hrsg.): Humor in Psychiatrie und Psychotherapie. Neurobiologie. 2. Auflage, Stuttgart: Schattauer, S. 55–74.

Wild, B. (2016c). *Schlusswort.* In: Wild, B. (Hrsg.): Humor in Psychiatrie und Psychotherapie. Neurobiologie. 2. Auflage, Stuttgart: Schattauer, S. 338–344.

Wild, B. (Hrsg.) (2016d). *Humor in Psychiatrie und Psychotherapie.* Neurobiologie. 2. Auflage, Stuttgart: Schattauer.

Wood, R. ; Beckmann, N. ; Pavlakis, F. (2009). *Humor in organizations: no laughing matter.* In: Langan-Fox, J.; Cooper, C.; Klimoski, R. (Hrsg.): Research Companion to the Dysfunctional Workplace. Management Challenges and Symptoms. Cheltenham: Edward Elgar Publishing, S. 216–231.

Wolff, St. (1983). *Die Produktion von Fürsorglichkeit.* Bielefeld: AJZ.

Wulf, Chr. (2014). *Emotion.* In: Wulf, Chr.; Zirfas, J. (Hrsg.): Handbuch Pädagogische Anthropologie. Wiesbaden: Springer, S. 113–123.

Wulf-Schnabel, J. (2011). *Reorganisation und Subjektivierungen von Sozialer Arbeit.* Dissertation. Wiesbaden: VS.

Ziegler, H. (2012). *Doppeltes Mandat.* In: Thole, W.; Höblich, D.; Ahmed, S. (Hrsg.): Taschenwörterbuch Soziale Arbeit. Bad Heilbrunn: Klinkhardt, S. 64.

Zimbardo, P. G. ; Johnson, R. L. ; McCann, V. (2016). *Schlüsselkonzepte der Psychologie.* 7., aktualisierte Auflage, Hallbergmoos: Pearson.

Sachwortverzeichnis

Über den Autor

Dr. Jörgen Schulze-Krüdener

(geb. 1962) studierte Sozialpädagogik, Erziehungswissenschaft, Soziologie und Psychologie an der Universität Hildesheim und leitete anschließend ein Jugendhaus in Trägerschaft eines anerkannten freien Trägers der Kinder- und Jugendhilfe. An der Universität Trier promovierte er 1996 mit einer Untersuchung zu „Professionalisierung und Berufsverband". Seit dieser Zeit arbeitet er als Hochschullehrender in der Abteilung Sozialpädagogik an der Universität Trier und seit mehreren Jahren u. a. als Lehrbeauftragter an der Hochschule für Technik und Wirtschaft des Saarlandes in Saarbrücken und der Université du Luxembourg. Er ist Mitherausgeber der Buchreihen „Grundlagen der Sozialen Arbeit" (seit 1999), „Lebensalter und Soziale Arbeit" (2009) und „Basiswissen Soziale Arbeit" (2017). Seine Lehr- und Forschungsschwerpunkte sind: Theorie, Handlungsfelder und Methoden der Sozialen Arbeit, Arbeitsmarkt und Interessenvertretung für soziale Berufe, Professionalität und Professionalisierung, Kinder- und Jugend(hilfe)forschung, Fort- und Weiterbildung, Planung und Management sowie Regionale Sozialpädagogische Forschung.